Franz Wolfgang Ullrich, Cornelius Müller

Der Kampf um Amphilochien

Franz Wolfgang Ullrich, Cornelius Müller

Der Kampf um Amphilochien

ISBN/EAN: 9783743437142

Hergestellt in Europa, USA, Kanada, Australien, Japan

Cover: Foto ©ninafisch / pixelio.de

Weitere Bücher finden Sie auf **www.hansebooks.com**

Der

Kampf um Amphilochien

von

Franz Wolfgang Ullrich.

HAMBURG, 1863.

Der Kampf um das Amphilochische Argos und das übrige Amphilochien.

1. Die alten Geographen waren uneinig darüber, wozu Amphilochia am Amprakischen Meerbusen und Argos, die Stadt dieser kleinen Landschaft, zu rechnen sei, ob noch zu Epirus oder schon zu Akarnanien. Nach Skylax, Peripl. 28, Gron., Plinius, H. N. 4, 1, 2, 5, und Ephoros bei Strabo, 7, 7, 7, Cas. 326, und nach Strabo selbst, 10, 2, 2, p. 450, gehörte das Amphilochische Argos zu Akarnanien. Dagegen wohnen nach demselben Strabo, 7, 7, 1, p. 321 und 7, 7, 8. p. 326, die Amphilochier, zu den Epiroten gehörend, oberhalb und getrennt von Akarnanien. Ebenso sind bei Sophokles, Inach. frag. 265, bei Strabo, 6, 2, 4, p. 271, und Plutarch, Pyrrhus c. 6, Akarnanien und Amphilochien zwei von einander gesonderte Landschaften; wie denn auch Thukydides beide ausdrücklich unterscheidet, γ, 102, 28.

In weit ernstlicherer Weise aber waren die Amprakioten und Akarnanen vor dem Anfang und in den ersten Jahren des Peloponnesischen Krieges über diese Frage uneinig. Diese waren damals gegen acht Jahre lang mit einander in einen Krieg um die Herrschaft über Argos und Amphilochien verwickelt, welcher erst mit der beinahe gänzlichen Vernichtung Amprakias endigen sollte. Denn die Erklärung, mit welcher die Peloponnesier den grossen Krieg gegen die Athener eröffneten, war von den Lakedämoniern selbst zwar ganz aufrichtig gemeint; diese suchten für sich damals keine besonderen Erwerbungen, wohl aber thaten dies manche der Städte ihres Bundes. Die Lakedämonier erhoben sich zum Krieg um die für das Wohl der Hellenischen Gesammtheit gemeinnützigen Grundsätze:

1

„Unter den Griechen müsse das alte Recht wieder zur Geltung kommen; fürder könne nicht mehr geduldet werden, dass eine Griechische Stadt über andere Griechen Herrschaft übe; die Athener hätten sich gegen die Bundesgenossen der Lakedämonier vergangen, solchem Unrecht dürften diese nicht lässig zusehen." Das war die Sprache eines Volksmannes unter ihnen, des Ephoren Sthenelaidas. Diese wurde zwar von den Bundesgenossen gerne gehört, aber dabei verfolgten doch manche derselben in der allgemeinen Bewegung zugleich ihren eigenen Nutzen.

Daher wurde der Krieg, richtet man das Augenmerk mehr auf die Einzelnheiten, um die es sich handelte, in der ersten Zeit nicht sowohl zwischen Sparta und Athen, als vielmehr zwischen anderen, vornehmlich zwischen Korinth und Athen geführt. Denn die Lakedämonier waren von den Athenern durch nichts verletzt oder gereizt, was sie insbesondere berührt hätte; sie folgten den Anklagen und Ansichten Anderer gegen Athen, u, 78, 25, und vor allem denen der Korinthier. Diese gerade wussten den längst vorhandenen feindlichen Gegensatz der Peloponnesier gegen die Athener zu dem Ausbruch eines offenen Kampfes hinzudrängen und dadurch ihr eigenes Zerwürfniss mit Korcyra und in dessen Folge mit Athen zu einem Krieg der gesammten Peloponnesischen Symmachie mit dieser überlegenen Macht zu erweitern. Als es aber einmal zu diesem gekommen war, so verfolgten auch andere Städte des Bundes in ihm zugleich ihre Sonderinteressen. Theben stürzte sich sofort, noch vor dem offen erklärten Krieg, auf Plataeae, um diese schon seit 92 Jahren, γ, 68, 33, mit Athen verbündete kleine Stadt wieder zu dem Böotischen Verein zurückzuführen. Aehnliches mochten auch die Korinthier für sich hoffen. Sie wollten sich die Verbindungen mit ihren westlichen Töchterstädten sichern oder wiederherstellen, vornehmlich mit Korcyra, und wo möglich auch Potidaea auf Chalkidike, ihre einzige im Osten, den Athenern wieder entreissen.

Denn die Korinthier standen damals schon seit einem Menschenalter in bitterster Feindschaft mit den Athenern, a, 103, 3: τὸ σφοδρὸν μῖσος, seit diese Naupactos, welches den Korinthischen Meerbusen beherrschte, durch ihre Freunde die Messenier, und das benachbarte Megaris, also auch dessen Hafen Pegae im innersten Winkel dieses Busens, von sich in Abhängigkeit gebracht und dadurch gezeigt hatten, dass sie das Ziel verfolgten, ihrer Herrschaft dasselbe Uebergewicht in den westlichen Gegenden zu erwerben, welches sie in den östlichen Meeren und Ländern der Griechen längst unbestritten übten. Dass die Verfolgung dieses

Ziele durch die den Athenern nach der Niederlage bei Koronea abgenöthigten Verträge auf dreissig Jahre, 445, nur aufgeschoben, nicht aufgegeben war, trat schon durch das harte Verfahren gegen Samos, 439, und noch deutlicher durch die ganz neuerdings mit Korcyra eingegangene Bundesgenossenschaft, 433, hervor. Und dieser Weg führte die Athener immer gerade gegen die Korinthier, deren Töchterstädte sie fast sämmtlich an sich rissen.

Die Korinthier hatten von ihren ältern Pflanzstädten jenes Potidaea, sowie Molykreion an der Mündung des Korinthischen oder, wie er damals noch hiess, Krissaeischen Meerbusens, β, 84, 14; γ, 102, 11, und das westlich ganz nahe dabei gelegene Chalkis, α, 108, 32; β, 83, 9, schon vor dem Krieg an die Athener verloren. Aus dem Sieg, welcher ihren angestrengten Rüstungen in der Schlacht bei Sybota, 432, über Korcyra gelungen war, Vortheil zu ziehen, waren sie durch die Athener verhindert worden; eine erneuerte Verbindung mit dieser mächtigen und nunmehr auch noch durch Athen geschützten Colonie konnten sie nur von einem Krieg der Peloponnesischen Gesammtsymmachie gegen Beide hoffen, und so setzten sie alles in Bewegung, diesen herbeizuführen. Aber gleich im ersten Jahre desselben, 431, entrissen ihnen die Athener in dem Akarnanischen Sollion, β, 30, 9, die fünfte und später in Anaktorion, γ, 114, 21, δ, 49, 33; ι, 30, 10, an der Mündung des Amprakischen Busens, die sechste Tochterstadt, um beide Seeplätze den Akarnanen, ihren Bundesgenossen zu übergeben. Amprakia aber wurde im sechsten Jahre, 425, des Krieges gleichfalls durch die Athener dem völligen Untergang so nahe gebracht, dass dessen fernerer Bestand durch den Schutz einer Besatzung der Mutterstadt gesichert werden musste. Auch auf Syrakus, die älteste Colonie Korinths und ganz ohne Frage die grossartigste aller Griechischen überhaupt, hatten die Athener längst begehrliche Blicke gerichtet; aber der Zug gegen diese Stadt sollte zur Genugthuung der Korinthier und aller sonst Gekränkten dienen, als Ausgangspunct der zweiten grossen Kriegszeit und der tiefsten Demüthigung Athens.

Wie Theben und Korinth, so suchten also auch die Amprakioten im fernen Westen Griechenlands die allgemeine Bewegung des Peloponnesischen Krieges zu benutzen. Gleich in dem zweiten Jahr desselben, im Sommer d. J. 430, zogen sie gegen das ihnen benachbarte und bis ganz vor kurzem noch untergebene Amphilochische Argos, um wegen schwerer Unbill Rache zu nehmen und die frühere Herrschaft zu erneuern. Dadurch geriethen sie auch mit den Akarnanen in Fehde, unter deren Schutz sich die Argiver gestellt hatten; auch wohnten damals in Argos selbst neben Amphilochiern auch Akarnanen. β, 68, 12. Von diesem ersten Angriff an war Argos der Gegenstand eines über mehr als vier Jahre lang sich hinziehenden Kriegszustandes zwischen den Amprakioten und Akarnanen; es war als Grenzgebiet oder Nachbarstadt der Zankapfel zwischen Beiden, wie es deren von jeher unter den Griechen welche gab. So waren Chalkis und Eretria auf Euboea in Fehde um die Lelantische Ebene gewesen; Sparta und Argos um Thyreatis oder Kynosuria; Athen und Korinth um Megara; Theben und Athen um Plataeae, Panakton, Oropus; die Lakedämonier und Eleer um Lepreon. Nach Machterweiterung durch Herrschaft über andere, und wie natürlich vornehmlich über Nachbarn, strebten die meisten Griechischen Städte, schon durch das Beispiel Spartas und Athens dazu ermuntert, so wie eine anderen gegenüber nur irgend zu dem Gefühl einiger Ueberlegenheit kam, auch Städte von nur mittlerer Macht. Dadurch wurde eine grosse Mannichfaltigkeit verschiedener Verhältnisse und Beziehungen hervorgerufen. Die Eleer standen zwar als Genossen der Peloponnesischen Symmachie unter der Hegemonie Spartas, sie hatten aber dabei selbst schon seit der Zeit vor dem Peloponnesischen Krieg die Lepreaten in Abhängigkeit von sich und trennten sich von den Lakedämoniern, sobald dieselben für die Autonomie der Lepreaten auftraten. Ganz in der Nähe von Sparta hatte Mantinea während des Krieges einen Theil Arkadiens seiner Herrschaft unterthan gemacht, ι, 29, 13, ohne deshalb aus dem Peloponnesischen Bunde auszuscheiden. Besonders hatten auch die Korinthier, unbeschadet ihrer Beziehung zu der Peloponnesischen Symmachie und der daraus folgenden Unterordnung unter die Hegemonie Spartas, einen bedeutenden Kreis eigener Bundesgenossen; nur von diesen waren sie in beiden Kriegszügen gegen Korcyra, 434 und 432, unterstützt worden, von den Lakedämoniern gar nicht, und auch nicht von Peloponnesischen Bundesgenossen als solchen; weshalb denn auch von Thukydides diese besonderen Bundesgenossen der Korinthier wiederholt erwähnt werden; vgl. Beiträge zur Kritik des Thuk. 1, S. 29. In ähnlicher Weise strebten denn also damals auch die Amprakioten, welche gleichfalls Genossen der Peloponnesischen Symmachie waren, β, 9, 10 und 13, das benachbarte Argos und Amphilochien ihrer Herrschaft wieder unterthan zu machen.

2. Ueber das alte Amphilochien und dessen einzelne Ortschaften, sowie über die Bewohner desselben und deren Geschichte, sind wir nur dürftig unterrichtet. Die wenigen Nachrichten, welche darüber auf uns gekommen sind, verdanken wir fast ganz ausschliesslich dem Thukydides. Diese kleine Landschaft, das heutige Filoki, bildete die östliche Küste des Amprakiotischen Meerbusens, zwischen dem Gebiet der Amprakioten im Norden und dem der Akarnanen im Süden. Sie erstreckte sich von dem nordöstlichen Winkel desselben bis zum südöstlichen in einer Küstenausdehnung von etwa 2½ Meilen. Argos selbst, die einzige Stadt dieser Landschaft, lag hundert und achtzig Stadien oder 4½ Meilen südlich von Amprakia, Polybius 22, 13, 12; Livius 38, 10, 1, und etwa halb so weit nördlich von Limnaea, der nördlichsten Akarnanischen, ganz nahe an der Grenze Amphilochiens gelegenen Ortschaft. Das Amphilochische Argos und die Benennung von Amphilochien überhaupt reichte der Sage nach durch Amphilochos, den Sohn des Amphiaraus, als Gründer, in die Zeiten des Trojanischen Krieges hinauf, wie uns Thukydides berichtet, aus dessen Ausdruck, β, 68, 29: ἰκτισε, wenigstens sich schliessen lässt, dass Amphilochos dort als Gründer: οἰκιστής, galt und verehrt wurde. Er fügt hinzu, die Stadt habe sich nach früheren glücklichen Zeiten „um viele Menschenalter später" durch Missgeschicke genöthigt gesehen, als Mitbewohner aus der Nachbarschaft Amprakioten herbeizuziehen. Mit dieser Angabe beginnt für uns die Geschichte der Stadt. Da Amprakia Ol. 36, um das Jahr 635, gegründet wurde und doch zu einiger Blüthe gelangt sein musste, ehe es an eine andere Stadt Bewohner abgeben konnte, so wäre mit des Geschichtschreibers Ausdruck, β, 68, 84: πολλαῖς γενεαῖς ὕστερον, „um viele Menschenalter später," ein Zeitraum von mehr als 600 Jahren umfasst, und diese Aufnahme von Amprakioten also in das sechste Jahrhundert zu setzen, wenn nicht noch später, denn eine nähere Bestimmung darüber ist für uns nicht mehr möglich. Thukydides verbindet mit dieser Angabe die Bemerkung, die Bewohner von Argos hätten damals zuerst die Griechische Sprache erhalten, welche sie zu seiner Zeit sprachen: καὶ ἑλληνίσθησαν τὴν νῦν γλῶσσαν τότε πρῶτον ἀπὸ τῶν Ἀμπρακιωτῶν ξυνοικησάντων· οἱ δὲ ἄλλοι Ἀμφίλοχοι βάρβαροί εἰσιν, vgl. γ, 112, 5. Vielleicht wollte er dadurch erklären, wie es kam, dass diese Argiver die dorische Mundart der Korinthischen Amprakioten, γ, 112, 28, sprachen, ohne doch Pflanzstadt weder von Amprakia noch von Korinth zu sein; wie auch der Scholiast: Ἕλληνες κατὰ τὴν νῦν διάλεκτον ἐγένοντο, zu verstehen scheint. Denn Thukydides glaubt an Hellenische Elemente in Amphilochien schon vor diesem Zuzug von Amprakia, namentlich an einen alten

2

Zusammenhang mit Akarnanien, woselbst sich Alkmaeon, der Drader des Amphilochos, niedergelassen, eine Herrschaft gegründet und dem Lande nach seinem Sohne den Namen gegeben habe. β, 102, 10, extr. Für diesen Zusammenhang in alten Zeiten spricht, dass die Akarnanen vormals ganz nahe bei Argos Olpe, eine unmittelbar an der Küste gelegene Ortschaft befestigt hatten und als gemeinsamen Gerichtshof, γ, 105, 31: κοινὸν δικαστήριον, wohl ohne Frage für sich selbst und die Amphilochier, gebrauchten, und dass ganz dicht daneben ein Ort lag, der auch später noch Metropolis, Mutter- oder Hauptstadt, hiess. Der Name Argos kann zwar der alte einheimische Pelasgische gewesen sein, wie auch der Flussname Inachos, vgl. Bursian, Griech. Geographie 1, S. 37; aber die übrigen Ortsnamen, die wir bei Thukydides finden, klingen doch Griechisch, neben Ἀμφιλοχία selbst Κρῆναι, Μητρόπολις, Ὄλπη oder Ὄλπαι (Ὀλπαῖοι γ, 101, 2, sind Ozolische Lokrer), Ἰδομένη oder: Ἰδομέναι. Auch dorthin scheint sich also schon frühe Griechische Bevölkerung, Sprache und Gesittung verbreitet zu haben, ohne eine bestimmt nachweisbare Colonisation, welche mit einer Mutterstadt in dauernder Verbindung geblieben wäre. Ausserdem können auch die Ausdrücke: β, 68, 32 und 2: πόλις und: ξυνοίκους ἐπηγάγοντο, anzeigen, dass Thukydides Argos Amphilochikon für eine schon vor der Aufnahme jener Amprakioten im Wesentlichen Griechische Stadt hielt; der Name nach dem als Gründer geltenden Amphilochos, wie auch Akarnan, ferner das alte Akarnanische Dikasterion neben einer Metropolis mögen ihm als Beweise gegolten haben, wie er denn für die älteste Geschichte in jenem Ueberblick a, 2—19, auf die μαρτύρια, σημεῖα, τεκμήρια sein Augenmerk zu richten pflegte.

Die Bewohner einer jedenfalls alten, Schifffahrt und Handel treibenden Seestadt, wie wir das nur ¾ Stunde vom Meere und 1¼ Stunde von dem Küstenort Olpe entfernt liegende Argos nennen dürfen, welches ja auch bei Thukydides γ, 105, 32: ἡ Ἀργείων πόλις ἐπιθαλασσία heisst, werden in jenem von Barbaren umwohnten und bewohnten Land schon sehr frühe zweier Sprachen, neben einer Barbarischen der Griechischen, kundig, also: δίγλωσσοι, bilingues, gewesen sein. Wir dürfen uns diese Amphilochier denken ganz wie die Bewohner der Städte auf der Akte am Fuss des Berges Athos, δ, 109, 25: αἱ οἰκοῦνται ξυμμίκτοις ἔθνεσι βαρβάρων διγλώσσων, woselbst, wie es dort weiter heisst, Hellenen und Pelasger unter Barbaren vermischt neben einander wohnten. War ja doch noch gerade in jenen westlichen Gegenden und beträchtlich nördlicher Dodona mitten zwischen Epirotischen Barbaren von Hellenen bewohnt, wie Herodot. 4, 33, 35, und Aristoteles, Meteor. 1, 14, 22, p. 352, 35 A bezeugen.

Seit wie lange die herbeigerufenen Amprakioten mit den früheren Argivern vereint gewohnt haben, lässt sich, wie schon bemerkt ist, nicht mehr ermitteln. Zu einer Verschmelzung der beiden Theile kam es nicht. Mit der Zeit gewannen die Amprakioten das Uebergewicht so sehr, dass sie, kurz vor dem Peloponnesischen Kriege, die Argiver vertreiben konnten. Die Vertriebenen suchten und fanden sofort Schutz bei den grenzbenachbarten Akarnanen, mit welchen aus früheren Zeiten her noch Verbindungen stattfinden mochten, und beide schlossen sich vereint mit einem Gesuch um Hülfe den Athenern an. Durch dreissig Athenische Schiffe unter Phormio unterstützt, erobern sie sich Argos wieder zurück und verkaufen die Amprakioten, welche dabei in ihre Hände fielen, in die Knechtschaft. Dieses gewaltthätige Verfahren der Verknechtung, der Andrapodismos, war der Anfang heftiger Feindschaft der Amprakioten gegen Argos, β, 68, 26 u. 14. Dass diese, gewiss nur durch eine kurze Zwischenzeit von einander getrennte, Vertreibung und Rückkehr der Argiver noch vor dem Peloponnesischen Kriege stattfand, bemerkt Thukydides ausdrücklich, β, 68, 15. Es wird ganz kurz vorher gewesen sein; wahrscheinlich im Lauf der beiden Jahre von der Schlacht bei Leukimme bis zu der bei Sybota.

Als die Korinthier in dem Krieg gegen Korcyra bei Leukimme, im Juni 434, besiegt worden waren, rüsteten sie sich in den darauf folgenden zwei Jahren mit aller Macht und boten ihre sämmtlichen Bundesgenossen auf; welchem Ruf namentlich auch die Amprakioten bereitwillig entsprachen. Alles sah schon damals sogleich darnach aus, dass der Krieg einen grösseren Umfang nehmen werde. In dieser Voraussicht mögen die Amprakioten in Argos, hinter welchen die Korinthier standen, mit den Amphilochischen Mitbewohnern der Stadt vielleicht schon früher in Zwiespalt, um sich für den Krieg sicher zu stellen, die unzuverlässigen Elemente aus derselben mit Gewalt entfernt haben; wie bald darauf auch die Thebaner, im Vorausblick des kommenden Kriegs, gegen Plataeae vorgingen, β, 2, 9: προϊδόντες, ὅτι ἔσοιτο ὁ πόλεμος. Auch die Athener verbündeten sich um dieselbe Zeit und in derselben Erwartung mit Korcyra, α, 44, 20: ἰδόντι γὰρ ὁ πρὸς Πελοποννησίους πόλεμος καὶ ὡς ἔσεσθαι αὐτοῖς, und haben daher gewiss auch die sich darbietende Gelegenheit, durch die Hülfsleistung nach Argos die Symmachie der Akarnanen zu gewinnen, begierig ergriffen, β, 68, 12; 7, 13.

Die den vertriebenen Argivern von den Akarnanen und den Athenern unter Phormio gegen die Amprakioten in Argos geleistete Hülfe wird von Grote, Griech. Gesch. 3, S. 407, Meiss., in die vier oder fünf Monate nach der Schlacht

β, 68, 18: τὰς μὲν χώρας ἐκράτουν, τὴν δὲ πόλιν ὡς οὐκ ἐδύναντο ἑλεῖν προσβαλόντες, ἀπεχώρησαν ἐπ᾽ οἴκου.

In den kurzen Worten, mit welchen Thukydides über das Ergebniss des Angriffs auf Argos hinwegeilt, sollen wir durch: τῆς μὲν χώρας ἐκράτουν, erfahren, dass die Amprakioten Herrn der Landschaft Amphilochiens zu dauernder Herrschaft werden; ganz wie uns ebenso kurz durch, α, 108, 23: τῆς τε χώρας ἐκράτησαν τῆς Βοιωτίας, gesagt wird, dass die Athener nach der Schlacht bei Oenophyta i. J. 458, Boeotien zu dauernder Herrschaft in ihre Gewalt bekamen, um es erst zwölf Jahre nachher in Folge der Schlacht bei Koroneia i. J. 446, wieder zu räumen, α, 113, 17. Die Amprakioten waren also ganz ebenso, von ihrem ersten Einfall in Amphilochien i. J. 430 an, die Herrn dieser Argivischen Ortschaften geblieben, bis sie dieselben in Folge der Schlacht bei Olpe, 425, wieder herausgeben mussten, γ, 114, 20. Auch in andern Stellen. α, 9, 5; β, 80, 14; δ, 17, 3, wird: κρατεῖν, in diesem bestimmten Sinn und Umfang gesagt; namentlich wird gerade mit diesem Tempus: ἐκράτουν, wiederholt: α, 30, 12 und 17; 100, 5; 111, 9; γ, 6, 14; 50, 18; 85, 16 und 26; 115, 1; δ, 46, 8; ζ, 80, 28; η, 57, 12, extr., gesagt: sie wurden oder waren die Herrn des Landes oder Meeres von kürzerer oder längerer Zeit, deren Dauer dem Zusammenhang zu entnehmen ist. Aber wodurch behaupteten die Amprakioten von jener Zeit an die Herrschaft über die eroberte Landschaft? Nicht sowohl durch Besatzungen, φρουραί, wie sonst wohl geschah; denn theils werden keine erwähnt, theils konnten sie, wenigstens gewiss zur Zeit des dritten Feldzuges, in welcher sie diese Plätze noch inne hatten, γ, 107, 36; 114, 20, wohl schwerlich Kriegsmannschaften dazu verwenden. Damals mussten sie ihre sämmtlichen Streitkräfte bei Olpe zu versammeln bedacht sein und liessen daher, was davon in Amprakia zurückgeblieben war, vollständig nachkommen, γ, 105, 9; 110, 26: πανδημεί. Die Amprakioten werden also wohl Geisseln aus Amphilochien mitgenommen haben; denn theils ist wirklich angegeben, dass sie Amphilochische Geisseln hatten, γ, 114, 20, theils war es in jener Zeit vielfach im Gebrauch, sich der Treue und Abhängigkeit der Besiegten durch Geisseln zu versichern. Dem heutigen Leser wäre freilich das Verständniss wünschenswerth erleichtert, wenn ihm β, 68, 20: ἀπεχώρησαν ὁμήρους αὐτῶν λαβόντες ἐπ᾽ οἴκου, gesagt wäre, allein dem Zeitgenossen waren theils der Sache nach für alle mannichfaltigen Lebensverhältnisse die verschiedenen Möglichkeiten der damaligen Verfahrungsweise gegenwärtig, theils auch der bestimmte Sinn und Umfang, welchen ein Ausdruck für einen be-

3

stimmten Gegenstand und Zusammenhang nach hergebrachtem Gebrauch annehmen
konnte, geläufig; daher wir uns gegen Thukydides keine Beschwerde über allzu
grosse Kürze erlauben dürfen.

In der Benennung des von den Amprakioten damals eroberten Landes und
dessen Bewohner bleibt sich Thukydides nicht gleich. Das Land heisst ihm bald
Amphilochia, bald Argeia, die Bewohner bald Amphilochoi, bald Argeioi. Diesen
verschiedenen Benennungen ist auf K. O. Müller's Karte dadurch Ausdruck gegeben, dass die gegen eine halbe Meile breite Küstenebene als *Ager
Argivus* von dem übrigen Amphilochien bestimmt unterschieden ist. Allein diese
Bezeichnung ist ganz willkührlich. Von einer Trennung des Landes in zwei ver-
schieden benannte Theile findet ich nirgends eine Spur. Vielmehr möchte in
diesem zwiefachen Namen für das Ganze der auch zur Zeit des Thukydides noch
nicht ausgegliedene Kampf des (ieobischen Elements mit dem ursprünglich Barbarischen wahrzunehmen sein. ie Epirotischen Amphilochier waren Barbaren,
β, 68, 4; γ, 112, 5. Was davon . den unfruchtbaren Bergen und engen Thälern
der östlichen Seite ihres Gebiet in offenen Ortschaften oder Weilern wohnte,
Bursian, S. 39, war wohl au damals noch wenig oder gar nicht hellenisirt.
Diese Einwirkung hatte von der zerst hellenisirten Stadt Argos, β, 68, 2, aus-
zugehen, als der einzigen Stadt zu welcher die ganze Landschaft als Gebiet
gehörte. War nun auch: Ἄργος τὸ Ἀμφιλοχικὸν καὶ ἡ ἄλλη Ἀμφιλοχία, β, 68 25;
γ, 102, 27, für Stadt und Land, und: Ἀμφίλοχοι, für die Bewohner als der herge-
brachte Name festgehalten, so ist doch begreiflich, dass daneben durch jenen Einfluss
der Stadt Argos für das Land, welches als Gebiet von Ἄργος erschien, auch Ἀργεία,
und dann für die Bewohner: Ἀργεῖοι, aufkommen musste, und dass beide Namen
neben einander gebraucht wurden. Daher liegt Krenai, γ, 105, 34, in Amphilochien, aber, γ, 106, 24, in Argeia; die Amprakioten wollen, γ, 102, 27, gegen
Amphilochien ziehen und fallen, γ, 105, 29, in Argeia ein; die Athener kommen,
γ, 107, 31, den Argivern zu Hülfe, und diese heissen nachher immer Amphilochier,
γ, 114, 10, 16 u. 20; die Amprakioten haben Feindschaft gegen die Argiver,
β, 68, 27, 5 u. 14, und bekämpfen die Amphilochier, ebendaselbst Z. 25, 6 u. 12.
Somit ist anzunehmen, Thukydides habe beide Benennungen ohne Unterschied
neben einander gebraucht, wie dergleichen auch sonst vorkommt.

Schon damals also bekamen sie die Ortschaften Amphilochiens und die
Geisseln in ihre Gewalt, welche sie erst um mehr als vier Jahre später nach dem

für sie so unglücklichen dritten und letzten Feldzug gegen ihre feindliche Nachbarstadt wieder herausgeben mussten, γ, 114, 20: καὶ ἀποδοῦναι Ἀμπρακιώτας ὁπόσα ἢ χωρία ἢ ὁμήρους Ἀμφιλόχων ἔχουσι. Diese Ortschaften und Geiseln mussten die Amprakioten in dieser späteren Zeit, im Winter 426/25, noch vom ersten Feldzug her im Besitz haben, da von keiner anderen Zeit berichtet ist oder zu vermuthen wäre, dass sie sich auf solche Weise gegen die Argiver in Vortheil gesetzt hätten; β, 68, 18: τῆς μὲν χώρας ἐκράτουν, ist die einzige Angabe darüber.

Namhaft macht uns Thukydides von diesen Amphilochischen Ortschaften neben Ἄργος, der einzigen Stadt des Landes, nur drei: Ὄλπη oder Ὄλπαι, eine 25 Stadien nördlich von Argos auf einer Anhöhe am Meere liegende kleine Veste, γ, 105, 29—33; 107, 33, welche Argos als: φρούριον, gegen Norden schützte; ferner: Μητρόπολις, γ, 107, 26, welches ganz dicht bei Olpe lag; endlich: Κρῆναι, γ, 106, 35; 106, 25, etwa eine halbe Stunde südwestlich von Argos, ein zweites φρούριον, zum Schutz der Hauptstadt gegen Akarnanien nach Süden zu. Ausserdem sind noch zwei Höhen, Ἰδομένη oder Ἰδομέναι erwähnt, γ, 112, 16; 113, 19 u. 26, welche nördlich, nicht ferne von Olpe, gegen die Amprakiotische Grenze hin lagen. Hievon waren Olpe und Metropolis beim Beginn des dritten Feldzugs, im Winter d. J. 426, noch in der Gewalt der Amprakioten, vermuthlich auch Krenae; doch besetzten dieses die Akarnanen zugleich, als sie bei jener Erneuerung des Kampfes der bedrohten Stadt zu Hülfe eilten. Dass die Amprakioten beim Anfang dieses dritten Feldzugs vom ersten her noch im Besitz der Landschaft Amphilochien waren, erhellt ausserdem auch daraus, dass sie die Mehrzahl der Amphilochier daran verhindern konnten, zum Beistand nach Argos zusammenzueilen, γ, 107, 35: οἱ γὰρ πλείους ὑπὸ Ἀμπρακιωτῶν βίᾳ κατείχοντο.

Der Kriegszustand zwischen Amprakia und Argos dauerte also dennoch fort, wiewohl die Amprakioten, als ihre Sturmangriffe auf die Stadt ohne Erfolg waren, damals abzogen. Sie kehrten nach Hause zurück und liessen das Barbarenheer auseinander gehen, διελύθησαν κατὰ ἔθνη, was schon aus Rücksicht auf den Sold geboten war.

2. Thukydides, β, 80—82.

Zu einem zweiten Feldzug erhoben sich die Amprakioten schon vor Ablauf eines vollen Jahres, gleich im Sommer d. J. 429. Durch den ersten sich ganz Amphilochien zu unterwerfen, war ihnen nicht gelungen; Argos selbst hatte Widerstand geleistet; ungesäumt wollten sie daher die Eroberung des Landes vervollständigen. Sie schritten jedoch zu dieser Erneuerung des Kampfes erst nachdem sie die Lakedaemonier dafür gewonnen hatten, ihnen die Bundeshülfe von tausend Hopliten und einer Flotte aus der Bundesgenossenschaft zu gewähren. In Sparta überwog damals vor allem die Rücksicht auf die beiden bedeutendsten unter den Bundesgenossen, auf die Boeoter und auf die Korinthier. War den Thebanern zu Liebe kurz vorher, in demselben Sommer d. J. 429, die gesammte Peloponnesische Bundesmacht gegen das kleine Plataeae geführt worden, so gelang es jetzt auch den Amprakioten, und vielleicht gerade deshalb um so eher, ihre Separatfehde mit der Nachbarstadt zur Sache des Bundes zu machen; ohne Frage durch Vermittlung der unterhandlungsgewandten Korinthier; was wir voraussetzen könnten, selbst wenn nicht ausdrücklich gesagt wäre, β, 80, 20: ἦσαν δὲ Κορίνθιοι ξυμπροθυμούμενοι μάλιστα τοῖς Ἀμπρακιώταις ἄποικοις οὖσιν. Die Korinthier waren im Sommer d. J. 432 ebenso auch für ihre Pflanzstadt Potidaea in Sparta, wo sie grossen Einfluss hatten, α, 33, 22: Κορίνθιοι δυνάμενοι παρὰ Λακεδαιμονίοις, mit Nachdruck und Erfolg aufgetreten. Auch später, im Sommer d. J. 426, gelangte das Gesuch der Aetoler um Bundeshülfe gegen Naupactos über Korinth nach Sparta.

Damals nun forderten die Amprakioten die Lakedaemonier zu einem gemeinschaftlichen Zug gegen Akarnanien auf. Ihre eigenen Wünsche traten nicht in den Vordergrund; durch das Gelingen eines Unternehmens gegen Akarnanien konnten sie hoffen diese mittelbar zu erreichen. Den Lakedaemoniern wurde vorgestellt, sie würden durch einen gleichzeitigen Angriff zu Wasser und zu Lande in Verbindung mit den Amprakioten leicht, β, 80, 13: ῥᾳδίως; ἂν Ἀκαρνανίαν σχόντες, Akarnanien — hier heisst es nur Ἀκαρνανίαν, nicht Ἀκαρνανίαν πᾶσαν — und sodann auch die Inseln Zakynthos und Kephallenia in ihre Gewalt bekommen können, und dann werde den Athenern die Umschiffung des Peloponnes nicht mehr so leicht möglich sein; ja man dürfe sogar hoffen Naupactos zu nehmen.

Jene den Athenern allerdings stets leicht möglichen Umschiffungen des Peloponnes waren aber ganz besonders für die Lakedaemonier die grösste Belästigung und Gefahr. Sie konnten ihre so sehr ausgedehnten Küstenstrecken unmöglich ausreichend bewachen, die Athener dagegen zu beliebigen Landungen heranfahren, meistens ungestört plündern und verheeren, sich auch festsetzen und zu dauerndem Aufenthalt befestigen, wie später geschah auf Pylos, auf Kythera, Beides den Heloten zu erwünschtem Asyl, und auf Methone zwischen Epidauros und Troezen.

Die Lakedaemonier liessen sich durch die Vorstellungen der Amprakioten dann bestimmen, die nachgesuchte Bundeshülfe zu gewähren, denn die grosse Bedeutung jener westlichen Gegenden für den Krieg war von beiden Seiten wohl erkannt. Die Korinthier waren, da ihre Colonisten und nächsten Freunde, die Leukadier, Anaktorier, Amprakioten von den Akarnanen stets bedrängt oder bedroht wurden, gleich anfangs bemüht, in Akarnanien sowie auf Kephallenia Einfluss zu gewinnen, wenn auch vergeblich, β, 33. Gegen Zakynthos richteten darauf die Lakedaemonier selbst ein Unternehmen mit tausend Hopliten unter der Führung des Nauarchen Knemos, jedoch mit keinem besseren Erfolg.

(Wir finden bei Thukydides, β, 66, 14, angegeben, die Lakedaemonier seien damals mit hundert Schiffen gegen Zakynthos gefahren. Sollte diese Zahl nicht zu gross sein? An eine Peloponnesische Flotte von hundert Schiffen ist in jener Zeit schwer zu glauben. Die Korinthier hatten zu dem ähnlichen Zuge gegen Kephallenia im Jahre vorher für sogar fünfzehnhundert Hopliten nur vierzig Schiffe gebraucht, β, 33, 12. Eine Zahl von hundert Schiffen konnten die Bundesgenossen der Lakedaemonier wohl kaum aufbringen. Ein Jahr später fochten dieselben gegen die zwanzig Schiffe unter Phormio im Krissaeischen Busen anfangs mit siebenundvierzig Schiffen, β, 83, 3. Als sie damit unterlagen, und die Lakedaemonier darüber entrüstet mit allem Nachdruck eine zweite besser zugerüstete Seeschlacht verlangten, so konnten die Bundesgenossen durch grösste Anstrengung ihre Flotte nur bis zu siebenundsiebzig Schiffen bringen, β, 86, 27. Auch später konnten die Lakedaemonier zur Unterstützung ihrer Partei auf Korcyra und gegen Pylos nur etwa sechzig Schiffe erlangen, δ, 2, 21; 16, 6 u. 26; nach deren Verlust an die Athener von Peloponnesischen Kriegsschiffen in der ersten Kriegszeit überhaupt nicht mehr die Rede ist. War aber eine so grosse Zahl von Schiffen zusammenzubringen für die Lakedaemonier nicht möglich, so war sie zugleich auch für die tausend Hopliten gegen Zakynthos nicht nöthig, um so weniger, als von den Athenern in jenem Zeitpunkt nichts zu besorgen war. Die Athener waren damals durch die Pest ganz niedergedrückt und hatten sich eben erst in Sparta vergeblich um einen Friedensabschluss bemüht; auch waren damals keine Attischen Kriegsschiffe in jenen Gewässern; erst in dem darauf folgenden Winter wurde die später übliche Station zum ersten Mal nach Naupactos geschickt, β, 69. So ist denn wohl, β, 66, 14: ἑκατόν, eines der häufigen Verderbnisse bei Zahlangaben, vgl. Beiträge zur Erkl. u. Kr. des Thuk. 1862, S. 16. Wie gross die Zahl der damals gegen Zakynthos geschickten Schiffe gewesen sei, lässt sich aber nicht bestimmen.)

Auch die Athener hatten längst ihr Augenmerk auf jene Gegenden gerichtet, da ihnen deutlich war, dass sie den Peloponnes um so leichter bekriegen könnten, wenn ihnen Korcyra, Kephallenia, die Akarnanen und Zakynthos befreundet wären, β, 7, 12. Als ihnen daher die Verbindung mit Korcyra und Zakynthos gelungen war, β, 9, 16, so waren sie sofort mit bestem Erfolg um Kephallenia sowie um die Ausbreitung und Befestigung ihres Einflusses bei den Akarnanen bemüht, deren Mehrzahl ihnen schon verbündet war, β, 9, 16; 30, 10; 102, 7—16. Somit waren denn jene westlichen Gebiete Griechenlands in den ersten Jahren der eigentliche Schauplatz des Krieges.

Auch für diesen zweiten Feldzug hatten die Amprakioten die ihnen befreundeten Barbaren der Umgegend gewonnen, und zwar, wie es scheint, diesmal in noch grösserer Ausdehnung. Sechs von den vierzehn Epirotischen Stämmen betheiligten sich, die Chaoner, Thesproter, Molosser, Atintanen, Parauaier (bei Strabo 7, 7, 8, p. 326: Παραυαῖοι) und Orester, zusammen etwa viertausend Mann; sogar Perdikkas schickte, wiewohl seit etwa zwei Jahren, β, 29, 1, mit den Athenern wieder ausgesöhnt und verbündet, tausend Macedonier, doch kamen diese zu spät.

Rechnen wir für die Amprakioten, Leukadier und Anaktorier dreitausend Mann, so war mit den erbetenen tausend Peloponnesischen Hopliten unter dem Befehl des Nauarchen Knemos die ansehnliche Macht von etwa achttausend Mann vereinigt. Es war auf nichts Geringes abgesehen. Aber jetzt stand der Spartiate Knemos als Bundesfeldherr an der Spitze eines Peloponnesischen Bundesheeres; die Akarnanen, Bundesgenossen der Athener, waren nicht nur den Korinthiern und Amprakioten lästig und gefährlich, sondern mehr noch ihren eigenen Stammgenossen, den Oeniaden; besonders aber den Leukadiern und Anaktoriern, welche Beide unter Knemos mitzogen. So überwog natürlich nunmehr das gemeinsame Bundesinteresse, und dieser zweite Zug, obwohl von den Amprakioten mit dem Wunsche (βουλόμενοι) angeregt, für sich das, was durch den ersten gegen das Amphilochische Argos erreicht war, weiter zu verfolgen, wurde zunächst ausschliesslich gegen Akarnanien gerichtet. Auch Diodor spricht nur von einem Zug gegen die Akarnanen, 12, 47, 4: ἅμα δὲ τούτοις στρατευσαμένοις Λακεδαιμόνιοι πεισθέντες ὑπὸ Ἀμπρακιωτῶν ἐστράτευσαν εἰς Ἀκαρνανίαν. Die Amprakioten konnten sich aber damit gerne zufrieden geben; denn war Akarnanien bezwungen, so musste ihnen Argos, das sich nur durch Akarnanische Hülfe gegen sie behauptete, leicht zufallen, wodurch ihnen dann ganz Amphilochien unterworfen war. Auch waren sie verständig genug gewesen, nicht um eine Beihülfe gegen Argos zu bitten. Sie hatten um die Ausrüstung einer Flotte und um tausend Hopliten gegen Akarnanien nachgesucht. Die Bekämpfung Akarnaniens lag aber ganz im Vortheil des Bundes und war zugleich auch ein Kampf gegen die Macht der Athener, der gemeinsamen Feinde. Die Gewährung dieses Ansuchens konnten sie also um so sicherer erwarten. Ihre eigenen Wünsche: βουλόμενοι — κατα-στρέψασθαι, mochten dabei unausgesprochen bleiben; sie durften hoffen, diese mittelbar zu erreichen.

Der Angriffsplan, welcher bei diesem Unternehmen gegen Akarnanien zum Grunde lag, muss uns so verständig erscheinen, dass er kaum demjenigen zuzutrauen ist, welcher ihn so mangelhaft ausführte. Thukydides geht aber in seinem Bericht über die Einzelheiten desselben nur kurz hinweg; wir sind daher darauf angewiesen, einiges aus der innern Wahrscheinlichkeit des Gegenstandes zu erschliessen. Namentlich wird uns nicht gesagt, wo Knemos mit den Barbaren und den Griechischen Bundesgenossen zusammen traf, und somit also auch der Ausgangspunct, die: ἀφορμή, (Polybius pflegt dafür: ὁρμητήριον, zu sagen) nicht bezeichnet, die Operationsbasis aber, wenn wir dieses Wort für jene einfachen Verhältnisse gebrauchen wollen, kaum angedeutet. Dass Knemos in Leukas nur kurz verweilte, rasch über Argeia gehend in Akarnanien einfiel und ohne Aufenthalt gegen die Hauptstadt Stratos zog, war einsichtsvoll. Denn wir wollen für's Erste nur annehmen, was nachher bewiesen werden soll, dass er auf der Fahrt von dem Peloponnes her in Leukas Halt gemacht habe. Der Lakedaemonische Nauarch musste sich doch mit den Führern der verschiedenen Flottencontingente, welche sich dort versammelt hatten und versammeln sollten, verständigen. Die Flotte sollte durch Unternehmungen an der Küste die Vereinigung der Akarnanen im Innern verhindern. Da diese Mitwirkung der Bundesschiffe noch nicht beginnen konnte, so war die grösste Eile für den Angriff zu Lande geboten. Die Akarnanen mussten getäuscht' und überrascht werden. Ohne die Schiffe der Korinthier und der übrigen in Leukas abzuwarten, setzt daher Knemos seine Fahrt unverweilt von Leukas aus fort, landet im Argivischen Gebiet, vereinigt sich, höchst wahrscheinlich gerade dort, mit dem Barbarenheere und mit den Amprakioten, Leukadiern und Anaktoriern, dringt sofort in Akarnanien ein, zerstört, als er die Grenze überschritten hat, das unbefestigte Limnaea, die erste Akarnanische Ortschaft, und zieht ungesäumt gegen Stratos, die grösste Stadt des Landes, β, 80, 12, extr., überzeugt, wenn er diese zuerst genommen habe, werde ihm alles übrige leicht zufallen. Aber der Angriff misslang vollständig, wie bedeutend auch die Mittel der Angreifenden waren. Knemos hatte nicht verstanden, den verschiedenartigen Bestandtheilen seines Heeres Einheit zu geben. Eigenwillig gehen die Barbaren in zuverständig übereiltem Angriff vor, werden mit grossem Verlust geschlagen und auf die Griechen zurückgeworfen. Da eilte Knemos, vollständig entmuthigt, wie es scheint, gleich in der darauf folgenden Nacht, ohne dass es mit den Stratiern zu einer Schlacht gekommen war, als wäre er besiegt, schleunigst in schmählichem Rückzug mit Verlust und Unehre durch den Beistand der Oeniaden sich aus Akarnanien herauszuretten.

Doch, wie gesagt, wir vermissen in dem Bericht des Thukydides über diesen Zug des Knemos und seiner Verbündeten gar manche wünschenswerthen Angaben und sind auf Vermuthungen angewiesen.

Zunächst erfahren wir zwar bestimmt, Knemos sei mit den tausend Hopliten auf wenigen Schiffen, von Phormio unbemerkt, über die Mündung des Krissaeischen Meerbusens gesetzt. Dass er nach Leukas gegangen sei, ist nicht ausdrücklich gesagt, doch lässt sich dieses noch mit Sicherheit aus dem Zusammenhang schliessen. Leukas, Z. 19·20, war der Bundesflotte als Sammelplatz bezeichnet. Die Schiffe aus Leukas, Anaktorion und Amprakia, welche sich früher versammelt hatten, warteten in Leukas, Z. 25, auf die Ankunft der Flotte aus Korinth und Sikyon, sowie auf die Megareer und Pelleneer, denn nach, β, 9, 12, ist bei Z. 22: καὶ τῶν ταύτῃ χωρίων, nur an diese Beiden noch zu denken. Von Knemos aber wird gesagt, er habe die Flotte aus Korinth nicht abgewartet, Z. 10, extr.; so war er also nach Leukas gegangen, denn die Flotte von Korinth war nach Leukas beordert und konnte somit nur dort erwartet werden. Wie wäre auch anzunehmen, Knemos sei bei Leukas vorübergefahren, ohne Halt zu machen; er hatte sich ja doch noch mit den Feldherrn der Flotte über den Zusammenhang der Kriegsoperationen zu Wasser und zu Land in Einvernehmen zu setzen.

Aber über des Knemos weitere Bewegung nach seiner Anwesenheit in Leukas ist nichts angegeben und lässt sich auch nichts Sicheres erschliessen. Was die Worte des Geschichtschreibers darüber sagen, ist vielmehr nicht gut mit dem zu vereinigen, was der Sache nach darüber wohl denkbar ist. Knemos rüstete also, wie Thukydides darstellt, sogleich nach seiner Ankunft in Leukas, zum Feldzug zu Lande, hatte unter seinem Befehl, Z. 29: αὐτῷ παρῆσαν, etwa viertausend Mann Hellenen und ungefähr ebenso viel Barbaren, brach mit diesem Heer auf, ohne die Flotte von Korinth abgewartet zu haben, und den Weg über Argeia nehmend verwüsteten sie Limnaea, eine Dorfschaft ohne Mauern.

In dieser Darstellung folgt aus den Worten, Z. 9, extr.: τούτῳ τῷ στρατῷ ἐπορεύετο Κνῆμος, οὐ περιμείνας τὸ ἀπὸ Κορίνθου ναυτικόν, dass Knemos von Leukas ausgezogen sei, was sich ganz gut denken, sogar als nothwendig erwarten lässt, weil er in Leukas war; aber es ist darin auch gesagt, dass er: τούτῳ τῷ στρατῷ, mit den vorher aufgezählten Truppen, von Leukas ausgezogen sei; das aber muss doch ganz unwahrscheinlich erscheinen. Es wäre sehr seltsam gewesen, wenn die Amprakioten mit ihren vielen Bundesgenossen, zusammen siebentausend Mann, nach Leukas heruntergekommen wären, um dann wieder von da aus mit Knemos zurückzugehen und über Argeia in Akarnanien einzufallen. Knemos müsste dann mit der Gesammtmacht von Leukas zu Wasser nach Argeia gegangen sein. Denn bei Z. 9: ἐπορεύετο, an einen Zug zu Lande zu denken, in welchem Sinne das Wort am häufigsten gesagt wird, ist nicht nöthig; πορεύεσθαι, heisst auch sonst überhaupt: weggehen, aufbrechen, α, 133, 9; β, 12, 27, und wird zuweilen auch von einem Zug zu Wasser gesagt, η, 29, 23; θ, 85, 31 u. 11; Herodot, 6, 118, 38. Aber mit achttausend Mann von Leukas nach Argeia zu Wasser zu gehen, wäre doch sehr umständlich gewesen. Da für die tausend Peloponnesier, Z. 18: τῆς ὀλίγας, doch wenigstens drei Schiffe, nöthig waren, so hätten die achttausend Mann zwanzig bis fünfundzwanzig erfordert.

Zwar wäre es für das ganze Unternehmen an sich das Angemessenste, anzunehmen, die Amprakioten hätten als Sammelplatz für das Landheer Argeia bezeichnet, wie die Lakedaemonier zum Sammelplatz für die Flotte Leukas bestimmt hatten. Es wäre sehr glaublich, dass die Amprakioten die grosse Anzahl der stets beutelustigen Barbaren, so wie die übrigen Truppen, lieber in dem ihnen feindlichen Argeia, welches ohnehin damals, mit Ausnahme von Argos selbst, in ihrer Gewalt war, versammelten, als in oder bei Amprakia. Knemos wäre dann von Leukas aus mit seinen tausend Mann auf denselben wenigen Schiffen nach Argeia gelangt, wie er aus dem Peloponnes nach Leukas gekommen war; er hätte seine Fahrt nur einfach fortgesetzt.

Wo Knemos in diesem Falle mit seinen Hopliten gelandet wäre, lässt sich nicht bestimmen. Wir wissen nicht, ob das am Meer gelegene Argos auch wirklich einen Hafen hatte. Die Ruinen der Stadt liegen jetzt nur ¾ Stunden von der Küste entfernt, Bursian, S. 38; nirgends ist indessen weder bei Thukydides noch sonst von einem Argivischen Hafen die Rede. Vielleicht war das, nur um ein weniges weiter, 25 Stadien nördlich von Argos, dicht am Meer liegende Olpe der Hafen der Stadt. Wenigstens wird uns gesagt, dass in dem späteren dritten Amprakiotischen Krieg die Schiffe der Athener sich vor Olpe, welches von Amprakioten besetzt war, zur Blokade legten, γ, 107, 33; 109, 7; 112, 2. Diese zwanzig Attischen Schiffe hatten den Argivern auch zweihundert Messenische Hopliten und sechsig Athenische Toxoten unter Demosthenes zugeführt. Diese Mannschaften nun müssen damals jedenfalls an einem Punct der Küste südlich von Olpe ans Land gesetzt worden sein, und also möglicher Weise in einem Hafen von Argos selbst.

Knemos wäre also mit seinen Hopliten nach Argeia gegangen, hätte dort, wo immer auch gelandet, die übrigen Griechen und Barbaren versammelt gefunden, sich mit denselben vereinigt und wäre sodann gegen Akarnanien vorgegangen. Allein dafür wäre bei Thukydides vielmehr: ἐς τῆς Ἀργείας ὁρμώμενος, zu erwarten, als: διὰ τῆς Ἀργείας ἰόντες, was bei dieser Annahme nur von Knemos und seinen Peloponnesiern angemessen gesagt ist. Ebenso wenig wäre mit derselben: τούτῳ τῷ στρατῷ ἐπορεύετο, vereinbar; denn Knemos wäre ja nur mit seinen Hopliten von Leukas aufgebrochen. Wäre er aber mit dem Amprakiotischen Heer schon in Leukas zusammengetroffen, so hätte er mit seiner dann schon vereinten grossen Macht von der dortigen Küste aus ohne Weiteres in Akarnanien einfallen können; dazu würden die übrigen Worte unserer Stelle auch aufs Beste passen, aber: διὰ τῆς Ἀργείας ἰόντες Ἀμπραίαν ἐπόρθησαν, freilich durchaus nicht. In diesem Falle wäre nämlich der Feldzug in Akarnanien schon eröffnet gewesen, und der Angriff auf den Hauptort Stratos von Westen aus unternommen worden; das Peloponnesische Bundesheer aber wäre nicht von Norden gekommen, hätte Argeia also gar nicht berühren können und ebenso wenig auch Limnaea, den nördlichen Grenzort Akarnaniens, zerstört.

Ausser den bisher besprochenen Möglichkeiten ist noch übrig anzunehmen, Knemos sei mit seinen Hopliten von Leukas nach Amprakia selbst gegangen, habe sich an die Spitze des daselbst von den Amprakioten versammelten Heeres gestellt und von dort aus über Argeia den Einfall in Akarnanien unternommen. Dieser Ansicht ist G r o t e, Gr. Gesch. 3, S. 462; aus Versehen hält er dabei Limnaea für einen dem Amphilochischen Argos angehörenden Grenzort; Limnaea ist eine Akarnanische Ortschaft, wie aus, γ, 106, 21/22, erhellt. Die Lakedaemonier hatten den aus tausend Hopliten zu einem mit ihnen gemeinschaftlich zu unternehmenden, Z. 11: μετὰ σφῶν ἐλθοῦσιν, Zug gegen Akarnanien bittenden Amprakioten willfahrend, den Knemos mit den erbetenen Hopliten sogleich geschickt. Es ist einfach gesagt, Z. 18: εὐθὺς πέμπουσιν; aber es liegt nahe anzunehmen, dass sie diese Bundeshülfe den Amprakioten nach Amprakia geschickt haben; obgleich es nirgends angedeutet ist. Sollte Amprakia selbst der Sammelplatz für das gemeinsame Peloponnesische Angriffsheer sein, so zogen sich die Amprakioten freilich vielleicht auch unbequeme Gäste in Stadt und Land. Auch war der Umweg für Knemos, der bei Akarnanien vorüberziehen musste, nicht ganz unbeträchtlich, jedenfalls ganz unnöthig; denn Amprakia lag über 4 Meilen nördlicher als Olpe oder ein etwaiger anderer Hafen bei Argos. Doch davon liesse sich absehen. Mit den Worten des Schriftstellers stimmt aber auch diese Vermuthung nicht gut überein. Denn wenn wir auch für zulässig erklären, das erste Glied mit der, doch immer kühnen, Ergänzung von: ἐξ Ἀμπρακίας ὁρμώμενος, zu verstehen: „mit diesem Heere brach er (von Amprakia) auf, ohne die Flotte von Korinth (in Leukas) abgewartet zu haben", so wäre doch die letzte Angabe ganz ungeschickt erst hier nachträglich vorgebracht und würde besser fehlen. Diese Erklärung wäre nur eine gezwungene Künstlichkeit; denn wo das: οὐ περιμείνας, stattfand, von da aus geschah auch das: ἐπορεύετο. Somit ergiebt sich, dass die Darstellung des Geschichtschreibers in den Stellen über diesen Zug nicht vollkommen deutlich und also eine genügende Erklärung derselben nicht möglich ist.

Mit: διὰ τῆς Ἀργείας ἰόντες, ist in hergebrachter Ausdrucksweise gesagt, dass sie ihren Weg durch das Gebiet von Argos nahmen, über Argeia oder Amphilochien gingen, wie β, 3, 33: διὰ τῶν ὁδῶν ἰόντες, über die Strassen; δ, 85, 7: διὰ τῆς ἀλλοτρίας ἰόντες; η, 80, 32: ὅπως ἴσωσι διὰ μεσογείας; auch γ, 110, 29: διὰ τῶν Ἀμφιλόχων, vgl. Krüger Griech. Sprachl. 68, 22, A. 1, S. 530.

Zugleich wird durch dieses: διὰ τῆς Ἀργείας ἰόντες, festgestellt, dass die Grenzen von Argeia und Akarnanien einander berührten; der Ausdruck sagt, Knemos sei unmittelbar aus Argeia in's Akarnische Gebiet gelangt. K. O. Müller, welchem B u r s i a n, S. 37, folgt, glaubte, in den Bemerkungen zur Karte von

Hellas, Dorier, 2, S. 520), aus Thuk. γ, 106, schliessen zu können, ein Streifen des Landes der Agraeer hätte zwischen Limnaea in Akarnanien und dem Gebiete von Argos sich bis an den Amprakischen Meerbusen hin erstreckt, also Akarnanien und Argeia getrennt; allein auch diese Stelle des Thukydides lehrt, richtig verstanden, dass Akarnanien und Argeia an einander stiessen. Der Argivische Ort Krenae bewachte den Zugang zur Landschaft von Süden oder Akarnanien her. Die Akarnanen besetzten daher damals γ, 105, 35 und 11, Krenae, um dem Eurylochos den Einzug ins Land zu versperren. Eurylochos verlässt daher den gewöhnlichen Weg von Akarnanien nach Amphilochien; soblägt sich rechts und geht durch's Gebiet der Agraeer und über den Berg Thyamos und gelangt auf diese Weise zwischen Argos und Krenae hindurch, von den Akarnanen daselbst unbelästigt, nach Olpe zu den Amprakioten γ, 106, 25/26. Eurylochos hatte also bei Nachtzeit über ein Gebirge die Akarnanen umgangen, welche ihn auf dem gewöhnlichen Wege, der über Krenae führte, erwarteten. Amphilochien grenzte somit im Süden nicht an Aetolien, wie Müller's Karte darstellt, sondern an Akarnanien, wofür sich auch β, 102, 18, und γ, 114, 10, anführen lässt.

Ueber Argeia zu ziehen mochte beschlossen worden sein, um die Feinde zu täuschen. Der Krieg zwischen den Amprakioten und den Argivern war offenkundig. Im vorigen Jahre hatten sie sich zu Herren der Landschaft gemacht; was lag näher als die Annahme, die Amprakioten hätten ihre Bundesgenossen in's Land gerufen, um nun mit so viel grösserer Heeresmacht auch die Stadt zu nehmen! Konnte nicht dadurch wenigstens ein Theil der Akarnanen getäuscht und sicher gemacht werden? Auch dringt ja das Bundesheer wirklich bis vor Stratos, ohne einem Feind zu begegnen. Der Spartiate Knemos wird indessen, von allem andern abgesehen, zur Berennung von Argos, wie überhaupt jeder anderen Festung, keine Neigung gehabt haben; denn die Lakedaemonier, welche im eigenen Lande keine Befestigungen hatten, verstanden sich nicht auf den Mauerkampf, das: τειχομαχεῖν, Herodot 9, 70; Thuk. α, 102, 3. Möglich, dass er auch desshalb so rasch von Stratos abliess, weil er sich von der Befestigung der Stadt, γ, 106, 18: φρουρεῖν, überzeugt hatte; wie denn auch keine Andeutung dafür vorliegt, dass damals wirklich ein Angriff auf Argos versucht worden wäre, wiewohl das grosse Bundesheer ganz dicht dabei vorüberkommen musste, wo immer es auch versammelt worden war.

Jedenfalls fiel Knemos von Argeia aus unmittelbar in Akarnanien ein, ohne durch ein anderes Gebiet zu ziehen, so dass sich also die Grenzen beider Landschaften, wie eben auch erwiesen ist, berührt haben müssen. Er fiel von oben her ein: *ἄνωθεν*, wie Xerxes in Phokis, Plutarch, Themist. 9, oder: *κατὰ κορυφήν*, wie Sitalkes in Macedonien, *β, 99, 29: ὅπως κατὰ κορυφὴν ἐσβαλοῦσιν ἐς τὴν κάτω Μακεδονίαν*. Aber er fiel nur ein, um schleunigst wieder herauszufliehen.

Das grossartig angelegte und vielversprechende Unternehmen hatte also nicht nur den Amprakioten selbst für ihren eigenen Kampf gegen Argos keine Vortheile gebracht, sondern sogar durch seinen kläglichen Ausgang die Sache der Peloponnesier in jenen Gegenden überhaupt in Nachtheil gesetzt; was ganz besonders auch die Amprakioten mit betraf. Die Akarnanen wurden dadurch um so mehr auf die Seite der Athener hingedrängt. Auch waren diese nach dem Abzug des Knemos sofort darauf bedacht, ihren Einfluss unter denselben zu befestigen. Noch in demselben Winter ging Phormio von Naupactos aus nach Akarnanien, um aus Stratos, Koronta und anderen Orten Alle zu vertreiben, welche den Athenern nicht ganz zuverlässig ergeben waren, *β*, 102, 11; denn allerwärts trat zu jener Zeit der Gegensatz zwischen Oligarchisch und Demokratisch Gesinnten hervor, und zwar besonders in der Parteinahme für Sparta oder Athen. Die Sache Athens drang aber schliesslich in Akarnanien siegreich durch; im Sommer d.J. 424 wurden zuletzt auch die Oeniaden von den übrigen Akarnanen selbst gezwungen, der Athenischen Bundesgenossenschaft beizutreten, *δ*, 77.

Die Fehde zwischen den Amprakioten und Argivern blieb somit auch von diesem zweiten Versuch an noch eine geraume Zeit hindurch unausgeglichen. Zwar hegten die Amprakioten schon seit der vor damals etwa fünf Jahren gegen sie verübten Unbill der Verknechtung feindseligen Groll gegen die Argiver, konnten aber doch erst nach mehr als noch drei Jahren die vorübergehende Hoffnung fassen, demselben Genüge zu thun. Gegenseitige Feindseligkeiten im Kleinen werden niemals ganz unterblieben sein; auch hatten die Amprakioten vermuthlich von dem ersten Feldzuge her einige Amphilochische Ortschaften fortwährend im Besitz oder in Abhängigkeit behalten; denn die Angabe über die Zurückkehr nach Hause, *β*, 68, 20, dürfte nur das Ende des eigentlichen Feldzuges und die Auflösung des Söldnerheeres der Barbaren bezeichnen sollen, und die Amprakioten könnten, wie schon bemerkt worden, Geisseln mitgenommen haben. Die Erfahrungen beider Feldzüge hatten sie aber gelehrt, dass sie überhaupt ohne Bundes-

6

hülfe nichts erreichen, von einem erneuten Versuch aber auch nur in dem günstigen Fall Erfolg hoffen konnten, wenn sie dabei von den Peloponnesischen Bundesgenossen nachdrücklicher als früher unterstützt werden würden; zumal vorauszusehen war, dass die Akarnanen, weil erbitterter und mit den Athenern inniger verbündet, sich nun bereitwilliger als früher zur Abwehr eines wiederholten Angriffs und zum Schutz ihrer Bundesstadt Argos erheben und vereinigen würden; was auch wirklich geschah. So mussten sich denn die Amprakioten für's Erste in Geduld fassen, in Hoffnung auf eine günstige Gelegenheit, eine verstärkte Hülfe der Peloponnesier zu erlangen. Diese bot sich denn endlich auch dar, aber erst im sechsten Jahre des Krieges, im Winter d. J. 426 auf 425.

3.   Thukydides, γ, 102, 25—34; 105—114.

Gegen das Ende des vorhergehenden Sommers d. J. 426 hatten sich nämlich die mit den Messeniern in Naupactos verfeindeten Aetoler, γ, 100, 21. in Korinth und Lakedaemon die beträchtliche Bundeshülfe von dreitausend Hopliten unter der Führung der Spartiaten Eurylochos, Makarios und Menedaeos ausgewirkt. Die Hoffnung, den Messeniern oder eigentlich Athenern Naupactos zu entreissen, war schon vor drei Jahren bei dem gegen Akarnanien gerichteten Unternehmen mit in's Auge gefasst worden, β, 80, 16. Ein Angriff auf Naupactos lag aber vornehmlich in den Wünschen der Korinthier; diese könnten daher die Aetoler angeregt haben. Wenigstens wenden sich dieselben mit ihrer Bitte um Beistand früher nach Korinth als nach Lakedaemon, γ, 100, 16. Auch waren die Korinthier ohne Frage am meisten dabei betheiligt. Denn was Aegina, nach einem oft angeführten Wort des Perikles, den Athenern für den Peiraieus war, ein Dorn im Auge, wie wir sagen würden, das war Naupactos für das Lechaeon der Korinthier. Schon vor drei Jahrzehnten, gleichzeitig mit jener Erwerbung des Megarischen Pegae, hatten die Athener diesen nicht fern von der Mündung des Busens östlich von Molykreion gelegenen trefflichen Hafen, das heutige Lepanto, den aus ihrer Heimath verdrängten, ihnen treulichst ergebenen Messeniern eingeräumt, und beherrschten von da aus während des Krieges die dortigen Gewässer.

Das Unternehmen der Aetoler gegen Naupactos hatte keinen Erfolg. Wie Knemos von Stratos, so zog auch Eurylochos von Naupactos ab, als er erfahren hatte, dass Demosthenes mit tausend Akarnanen zu dessen Vertheidigung herbeigeeilt war, ohne mit den Aetolern und seinen dreitausend Hopliten einen Angriff auf die Mauern der Stadt auch nur versucht zu haben. Aber er kehrte nicht nach dem Peloponnes zurück; denn die Amprakioten waren sogleich darum bemüht, die Anwesenheit dieser dreitausend Peloponnesier in jenen Gegenden zu ihrem Krieg gegen Argos zu benutzen und bereden den Eurylochos und dessen Mitfeldherrn dazu, mit ihnen gemeinschaftlich gegen das Amphilochische Argos und das übrige Amphilochien und zugleich gegen Akarnanien zu ziehen: „denn durch die Bezwingung derselben würden alle Volksstämme jenes Festlandes den Lakedaemoniern verbündet werden", γ, 102, 27.

So kam es zum dritten und letzten Kampf gegen die Argiver und Akarnanen. Er war vergleichslos der bedeutendste und brachte den Krieg um Argos gründlich zu Ende. Die Amprakioten waren gleich anfangs mit dreitausend Hopliten in Argeia eingerückt und hatten sich in Olpae festgesetzt. Darauf liessen sie auch noch ihre übrige gesammte Macht, γ, 105, 9, welche noch in der Stadt zurück war, nachfolgen; auch diese waren Hopliten. γ, 112, 35, etwa gegen zweitausend Mann, so viel sich aus den Andeutungen, γ, 112, 7 u. 113, 21, entnehmen lässt. Zu diesen fünftausend Amprakioten kamen also jene dreitausend Peloponnesier. Dass die Amprakioten auch diesmal wieder, wie das erste und zweite Mal, Barbaren herbeigerufen, sagt Thukydides nicht ausdrücklich, scheint es aber als selbstverständlich anzunehmen, da er bemerkt, Demosthenes und die Akarnanischen Mitfeldherrn hätten nach der Schlacht bei Olpae den Mantineern, dem Menedaios und Anderen durch einen Vertrag gestattet, sich heimlich zu entfernen, um die Amprakioten und die Masse der fremden Miethstruppen zu isoliren, γ, 109, 18: βουλόμενος ψιλῶσαι τοὺς Ἀμπρακιώτας τε καὶ τὸν μισθοφόρον ὄχλον τὸν ξενικόν; bei welchem Ausdruck doch wohl nur an, vorher freilich nicht erwähnte, leichtbewaffnete Barbaren zu denken ist. Diesen achttausend Hellenischen Schwerbewaffneten und also ungezählten Barbaren gegenüber waren den Argivern, ausser dem Demosthenes mit zweihundert Messenischen Hopliten und sechzig Toxoten der Athener auf zwanzig Schiffen, vornehmlich die Akarnanen zu Hülfe gekommen; denn ausser den Argivern aus der Stadt selbst war die Schaar der Amphilochier nicht bedeutend, da die Mehrzahl derselben durch die Amprakioten zurückgehalten wurde, nach Argos Beistand zu bringen. Die Akarnanen aber waren mit gesammter Heeresmacht herangezogen, so dass die Peloponnesier aus Aetolien zu den Amprakioten nach Olpae ganz unbehindert durch Akarnanien hindurcheilen konnten, weil Akarnanien wegen des Zuzugs nach Argos menschenleer war, γ, 106, 16: οὔσης ἐρήμου. So kam denn für Argos Alles auf die Akarnanen an und auf den einen Demosthenes, welchen sich dieselben zum Oberfeldherrn wählten. Und Demosthenes fand Gelegenheit sich zu bewähren, denn diesmal kam es zu wirklichem Kampf und Entscheidung.

Die eigentliche Schlacht fand bei Olpae statt. Die Amprakioten und Peloponnesier unterlagen mit ungewöhnlich grossem Verlust; von den drei Lakedaemonischen Feldherrn fielen Eurylochos und Makurios. Ausserdem wurde in den nächsten Tagen darauf der grösste Theil der herbeieilenden übrigen Amprakiotischen Macht von Demosthenes bei Idomene aufgerieben; auch fanden viele Amprakioten ihren Tod, getäuscht durch einen nicht für sie geltenden Vertrag über freien Abzug. Bei Diodor heisst es, 12, 60, 4: Δημοσθένης τοὺς πλείους αὐτῶν ἀπέκτεινεν, ὥστε τὴν πόλιν (Ἀμπρακίαν) σχεδὸν ἔρημον γενέσθαι.

Zwar mögen übertriebene Angaben über diese Kriegsthaten in jener entlegenen Gegend Griechenlands verbreitet worden sein; vornehmlich in der Absicht, die Verdienste des Demosthenes in das beste Licht zu setzen, damit diesem tüchtigsten Feldherrn Athens jener Zeit, welcher durch ein verfehltes Unternehmen in Aetolien missliebig geworden war, die Heimkehr nach Athen weniger bedenklich gemacht würde. Denn der gewaltthätige Kleon war damals schon längst in der Ekklesia von vorwaltendem Einfluss, und die Demagogen verlangten von den Feldherrn unter allen Umständen glückliche Erfolge, δ, 65, 89. Auch schreibt Thukydides selbst, die Anzahl der Amprakioten, welche nach den verbreiteten Berichten gefallen sein sollten, wolle er nicht erwähnen, weil sie im Verhältniss zur Grösse der Stadt unglaublich erscheine, ohne jedoch sein Misstrauen weiter auszudehnen; obschon doch auch das Geschichtchen von der Bestürzung des Heroldes, γ, 113, 10, welches er in dramatischer Ausführlichkeit aufgenommen hat, darnach aussieht, als könne dasselbe gleichfalls herrühren von jener absichtsvollen Verherrlichung dieser Kriegsthaten; desgleichen auch der für Athen bestimmte Antheil an den erbeuteten Waffen, welcher unterwegs auf der Seefahrt, ohne Angabe von wem, weggenommen worden sei, γ, 114, 4: πλείστα ἑάλω; während die dem Demosthenes zugetheilten dreihundert vollen Rüstungen ihren Weg als Weihgeschenke in die Attischen Tempel richtig gefunden haben.

Wie dem jedoch auch gewesen sein möge, aus dem Erfolg selbst erhellt ganz unzweifelhaft, dass Amprakia damals innerhalb weniger Tage, γ, 113, 31, ganz beispiellos grosse Verluste erlitt. Auch verdient der von Demosthenes bei Olpae angeordnete Hinterhalt die Beachtung von Polynen, Strateg. 3, 1, p. 137, Mars., (fast wörtlich nach Thukydides) eigentlich nur durch den Erfolg jener auch durch ihn mit herbeigeführten grossen Niederlage der Feinde; denn es ist dabei nichts erwähnt, wodurch sich derselbe vor irgend einer anderen Kriegslist dieser Art ausgezeichnet hätte.

So hatte der Kampf um Argos in der Vernichtung der Macht Amprakias sein Ende gefunden, und die Amprakioten mussten, ohne die gewünschte Rache für das erlittene Unrecht erreicht zu haben, von ihrer Feindschaft gegen Argos endlich gezwungen ablassen. Die Peloponnesier zogen nach der grossen Niederlage, γ, 109, 6, unter Menedaeos in grösserer Unehre noch als damals von Stratos als Besiegte ab; denn Demosthenes und die Feldherrn der Akarnanen hatten ihnen den erbetenen offenkundigen Abzug nicht bewilligt, sondern nur einem Theil derselben durch heimliche Uebereinkunft gestattet, sich schnell zu entfernen. Die siegreichen Akarnanen fanden aber ihren Vortheil darin, gegen die gedemüthigten Amprakioten Schonung zu üben. Sie lehnten es ab, mit Demosthenes gegen Amprakia zu ziehen, obschon dasselbe, wie Thukydides nachdrücklich ausspricht, auf den ersten Anlauf hätte fallen müssen; sie besorgten in den Athenern gefährlichere Nachbarn bekommen zu können. Vielmehr schlossen nun die Akarnanen und Amphilochier mit den Amprakioten Frieden und ein Bündniss zu gegenseitigem Schutz bei Angriffen anderer auf ihr beiderseitiges Gebiet, unbeschadet jedoch der Freundschaft der Amprakioten mit den Peloponnesiern und der Akarnanen mit den Athenern. Dagegen gaben die Amprakioten alle Geiseln und Ortschaften wieder heraus, welche sie von den Amphilochiern inne hatten, γ, 114, 20. Wenn Grote 3, S. 557, von Geiseln spricht, welche die Amprakioten den Akarnanen und Amphilochiern hätten stellen müssen, so ist das ein Missverständniss der Worte des Thukydides, vielleicht aber auch ein Versehen des deutschen Uebersetzers. So blieb Amprakia autonom, aber die Stadt war so geschwächt, dass Korinth für deren ferneren Bestand durch den Schutz von dreihundert Hopliten eigner Mannschaft Sorge tragen musste, wie auch die Athener früher Plataeae eine Zeit lang durch eine Besatzung gegen die Boeoter hatten schützen müssen. Aber Amprakia hob sich nicht wieder zu der früheren Blüthe, wenigstens nicht als Stadt freier Bürger. Doch stellten die Amprakioten im Sicilischen Krieg noch drei Schiffe, bei Kynos-Sema, 411, nur zwei, ζ, 104, 14; η, 58, 23; ϑ, 106, 19; bei Sybota, 432, hatten sie siebenundzwanzig gestellt.

Auch die Akarnanen blieben den Athenern verbündet, zumal aus Freundschaft für Demosthenes; und auch sie leisteten den Athenern noch gegen Syrakus
Hülfe. Das Amphilochische Argos wird aber nicht mehr erwähnt. Diese Stadt
gehörte ohne Zweifel von damals an, wie wohl auch schon in früheren Zeiten,
zu dem Akarnanischen Städtebund (τὸ κοινὸν τῶν Ἀκαρνάνων).

4. Die einzige Quelle unserer Kenntniss von diesem mehrjährigen Amprakiotischen Kriege ist Thukydides. Ausserdem ist derselbe nur in den angeführten
einzelnen Stellen von Diodor und Polyaen kurz berührt. Aber auch Thukydides behandelt ihn, wie schon bemerkt worden ist, in grosser Kürze. So ist
gleich die Veranlassung der Feindschaft der Amprakioten gegen die Amphilochischen
Argiver zwar der Sache nach bestimmt angegeben und sogar hervorgehoben,
β, 68, 27 u. 14: ἔχθρα δὲ πρὸς τοὺς Ἀργείους ἀπὸ τοῦδε αὐτοῖς ἤρξατο πρῶτον γενέσθαι,
und: οἱ δὲ Ἀμπρακιῶται τὴν μὲν ἔχθραν ἐς τοὺς Ἀργείους ἀπὸ τοῦ ἀνδραποδισμοῦ
σφῶν αὐτῶν πρῶτον ἐποιήσαντο, ὕστερον δὲ ἐν τῷ πολέμῳ κτλ.; auch zeigt der Ausdruck,
dass dem Geschichtschreiber dabei eine bestimmte Zeit vorschweben mochte.
Aber ausgesprochen ist diese nicht; wie denn Thukydides mit bestimmten Zeit-
angaben für Vorgänge, welche vor seinem Kriege liegen, überhaupt sparsam ist.
Aus den Worten: ὕστερον δὲ ἐν τῷ πολέμῳ, selbst können wir nur soviel entnehmen,
dass die Verknechtung vor dem Anfang des Peloponnesischen Krieges stattfand.
Allein der Zusammenhang leitet für diese Worte auf den Sinn, dass es kurz vor
dem Kriege gewesen sein werde. Dieses harte Verfahren der Argiver gegen die
Amprakioten war ja nämlich die Folge einer vorhergegangenen Unthat der Amprakioten. Denn die Amprakioten hatten mit dem Unrecht angefangen. Sie, die
herbeigerufenen Mitbewohner: ξύνοικοι ἐπαχθέντες, hatten ihre Amphilochischen
Mitbürger vorher vertrieben. Die Vertriebenen, welche sich die Rückkehr in
die Stadt ihrer Väter durch den Beistand der Akarnanen und Athener mit Waffen-
gewalt erkämpfen mussten, übten nur Rache an ihren Vertreibern. Die erste
Veranlassung des Krieges war also diese Vertreibung, das: ἐκβάλλειν, β, 68, 4,
gewesen, und somit auch der Anfang des Kriegszustandes der Amprakioten mit
den Vertriebenen und den Akarnanen. Auch wird die erkämpfte Rückkehr gewiss
unmittelbar auf die Vertreibung gefolgt sein; die Argiver werden Alles daran
gesetzt haben, möglichst bald wieder in den Besitz des Ihrigen zu gelangen. Für
eine rasche Aufeinanderfolge beider Vorgänge spricht ausserdem die Ausdrucks-

weise der Stelle, namentlich Z. 9: ἀφικομένου δὲ τοῦ Φορμίωνος. Da sich nun,
wie wir oben gesehen haben, für die Vertreibung und also für den Anfang des
Krieges das Jahr 433 nicht ohne Wahrscheinlichkeit annehmen lässt, die Beendigung desselben aber nach der bestimmten Angabe, γ, 114, 22: ταῦτα ξυνθέμενοι
διέλυσαν τὸν πόλεμον, in die zweite Hälfte des sechsten Jahres des Krieges, also
in den Winter 426 auf 425 fiel, so dauerte er etwa acht Jahre lang.

An der ununterbrochenen Fortdauer des Kriegszustandes zwischen diesen
Nachbarn während dieser ganzen Zeit ist aber nicht etwa deshalb zu zweifeln,
weil, γ, 102, 25 und 105, 26, mit dem Bericht über den dritten Feldzug wie
ganz von Neuem angefangen, und nicht die schon seit lange bestehende Feindschaft angedeutet oder auf die beiden früheren zurückgewiesen wird. Dergleichen Zurückdeutungen unterlässt Thukydides auch sonst nicht selten. Er
setzt voraus, dass den Lesern frühere Mittheilungen zu späteren Stellen noch
gegenwärtig sind, und überlässt ihnen, neue Angaben mit früheren selbst in Verbindung zu bringen, auch da, wo die Darstellung einer über mehrere Jahre sich
hinziehenden Begebenheit häufig unterbrochen werden muss. So zieht sich die
Erzählung von dem ersten Unternehmen der Athener in Sicilien, welches beinahe
drei Jahre lang dauerte, mit häufigen Unterbrechungen von γ, 86 bis δ, 65, hin,
und wiederholt bleibt dem Leser allein anheimgegeben, sich den Zusammenhang
selbst zu bilden; γ, 90; δ, 1; 24; 58. Ebenso wird, γ, 68, 16, ohne eine erklärende
Zurückweisung berichtet, nach der Uebergabe von Plataeae seien mit den zweihundert Plataeern auch 25 Athener von den Lakedaemoniern hingerichtet worden,
und damit vorausgesetzt, dem Leser sei noch von β, 6, 27 her erinnerlich, dass
die Athener ihre altverbündete Nachbarstadt durch eine Besatzung hatten schützen
wollen. Dass unser Geschichtschreiber aber dabei anderseits den wirklichen Abschluss
einer etwas bedeutenderen Begebenheit bestimmt auszusprechen und hervorzuheben
liebt, erhellt aus allen Vorgängen dieser Art. β, 101, 4: τὰ μὲν κατὰ τὴν Σιτάλκου
στρατείαν οὕτως ἐγένετο; γ, 50, 19: τὰ μὲν κατὰ Λέσβον οὕτως ἐγένετο; γ, 68, 33:
καὶ τὰ μὲν κατὰ Πλάταιαν ἔτει τρίτῳ καὶ ἐνενηκοστῷ ἐπειδὴ Ἀθηναίων ξύμμαχοι ἐγένοντο οὕτως ἐτελεύτησεν; δ, 41, 22: ταῦτα μὲν τὰ περὶ Πύλον γενόμενα; η, 87, 1: ταῦτα
μὲν τὰ περὶ Σικελίαν γενόμενα; δ, 48, 27: καὶ ἡ στάσις (τῶν Κερκυραίων) πολλὴ γενο-
μένη ἐτελεύτησεν ἐς τοῦτο; woselbst jedoch jene für die Abfassungszeiten des Thu-
kydideischen Geschichtswerks so lehrreiche Beschränkung: ὅσα γε κατὰ τὸν πόλεμον
τόνδε, noch hinzugefügt ist; vgl. Beiträge zur Erkl. des Thukyd. 1846, S. 95. 19.

Der Anfang der Feindschaft der Amprakioten gegen Argos ist so nachdrucksvoll ausgesprochen, wir können sagen, wie die Ankündigung einer bedeutenden Begebenheit, β, 68, 27 u. 14, dass der Geschichtschreiber nicht der Ansicht sein konnte, mit dem unmittelbar darauf gegebenen kurzen Bericht über das unfertige Ergebniss des auf ihn folgenden ersten Feldzuges einen der erweckten Erwartung entsprechenden Abschluss gebracht zu haben. Auch spricht er ja nicht von dem Ende der Feindschaft. Der Abschluss des mehrjährigen Nachbarkrieges, γ, 114, 22, welchen jene Feindschaft herbeigeführt hatte, wird von ihm erst, γ, 114, 26, mit: τὰ μὲν κατ' Ἀμπρακίαν οὕτως ἐγίνετο, ausgesprochen. Sogar die ebendaselbst unmittelbar vorher gemachte Angabe, Z. 22: διέλυσαν τὸν πόλεμον, erschien ihm nicht genügend. Das Ergebniss des Kampfes hatte auf das härteste gerade diejenigen getroffen, welche ihn veranlasst hatten; dieses musste hervortreten. Auch kam es ihm darauf an, hervorzuheben, welch ein grosses Unglück eine so bedeutende Stadt der Peloponnesier während des von ihm beschriebenen Krieges in überraschend kurzer Umschwungszeit erlitten habe, γ, 113, 30: πάθος γὰρ τοῦτο μιᾷ πόλει Ἑλληνίδι ἐν ἴσαις ἡμέραις μέγιστον δὴ τῶν κατὰ τὸν πόλεμον τόνδε ἐγένετο, vgl. Beiträge zur Erklär. des Thukydides S. 102, 118.

Ueber den Bericht von dem ersten Feldzuge sei noch bemerkt, dass an den Worten, β, 68, 13: οἱ δὲ Ἀμπρακιῶται, nicht etwa deshalb Anstoss zu nehmen sei, weil dabei die bestätigende Zurückweisung auf das Vorhergehende durch: οὖν, fehlt. Auf den ersten Anblick wird man allerdings: οἱ δ' οὖν Ἀμπρακιῶται τὴν μὲν ἔχθραν, erwarten, weil diese Worte auf Z. 26: ἔχθρα δὲ πρὸς τοὺς Ἀργείους, zurückweisen, und dieser epanaleptische Gebrauch von: οὖν, findet sich häufig auch bei Thukydides, β, 16, 31; γ, 95, 7, wo: οὖν, auf: πεισθείς, zurückweist; ferner auch, ε, 35, 23; ζ, 64, 29; η, 6, 32; 42, 30; ϑ, 57, 31; vgl. Krüger Griech. Sprachl. 69, 52, 3, S. 565. Allein: οἱ δὲ Ἀμπρακιῶται, erscheint deshalb ohne: οὖν, weil diese Partikel schon vorherging, indem für den Gedanken insofern ganz richtig. Z. 5: ἐμβάλλουσιν οὖν τοὺς Ἀργείους, in Zurückweisung auf Z. 26: ἔχθρα, gesagt ist, als dass: ἐμβάλλειν, die Ursache des: ἀνθρακωδισμός, und also auch der: ἔχθρα, war; für den Ausdruck aber allerdings ungewöhnlich, weil bei einem solchen: οὖν, eine epanaleptische Wiederaufnahme desselben Wortes oder doch Gedankens, aber nicht eines, wenn auch dem tieferen Grunde nach berechtigten Stellvertreters desselben zu erwarten ist. Wenn wir aber bei Z. 27: ἀπὸ τοῦδε, an den ganzen Hergang in seiner nothwendigen Verknüpfung von Ursache und Folge denken, also an das: ἐκβάλλειν, and den daraus hervorgehenden: ἀνδραποδισμόν, so verschwindet das Befremdliche aus der Stelle. Die gewöhnliche Ausdrucksweise hätte aber: ἐμβάλλουσι δὲ τοὺς Ἀργείους, und: οἱ δ᾽ οὖν Ἀμπρακιῶται, gebracht.

Ausserdem dürfte in den, obschon ohne abweichende Lesart überlieferten, Worten Z. 6: οἱ δ᾽ Ἀμφίλοχοι γενομένου τούτου διδόασιν ἑαυτοὺς Ἀκαρνᾶσι, καὶ προσπαρακαλέσαντες ἀμφότεροι Ἀθηναίους, οἳ αὐτοῖς Φορμίωνά τε στρατηγὸν ἔπεμψαν καὶ ναῦς τριάκοντα. ἀφικομένου δὲ τοῦ Φορμίωνος αἱροῦσι κατὰ κράτος Ἄργος κτλ., ein, wie die Bemerkung in den Scholien: Ἀθηναίους] ἀναπόδοτον, μᾶλλον δὲ καιναπόδοτον τοῦτο, εἰ οὕτω χρὴ φάναι, zeigt, schon sehr alter Fehler enthalten sein, welcher aber durch die Veränderung von: Ἀθηναίους, in: Ἀθηναίοις, leicht zu verbessern ist. Zuerst schliessen sich die vertriebenen Amphilochier den Akarnanen an; διδόναι, bezeichnet diesen politischen Anschluss auch, α, 33, 13, u. Herod. 6, 108, 7 u. 9·10; sodann Beide, die Amphilochier und Akarnanen, den Athenern: οἱ δ᾽ Ἀμφίλοχοι διδόασιν ἑαυτοὺς Ἀκαρνᾶσι καὶ ἀμφότεροι Ἀθηναίοις, nachdem sie dieselben noch dazu herbeigerufen. Ganz ebenso wie hier: ἀμφότεροι, ist, α, 102, 20: ἀμφοτέροις, in raschem Fortschritt von den eben erst Verbündeten gesagt; wir würden diese eben erst erfolgte Vereinigung durch ein hinzugefügtes: dann, hervorheben. Man wird: Ἀθηναίοις, natürlich und nothwendig finden, wenn man sich einmal die Stelle ohne: προσπαρακαλέσαντες, ansieht; auch könnte dieses: προσπαρακαλέσαντες, als selbstverständlich hinzugetreten zu sein scheinen; wie β, 88, 12: ξυγκαλέσας, ganz gut fehlen könnte und erst weiterhin daselbst Z. 21 an seinem rechten Platz ist. Aber: προσπαρακαλέσαντες, hat sich nicht müssig an das vorausgehende: διδόασιν, in einheitlicher Verbindung angeschlossen, sondern zugleich auch zur grösseren Verdeutlichung der Wiederholung von: διδόασιν ἑαυτούς, für das zweite Satzglied; wie sich Participien überhaupt häufig mit dem, aber dann meistens nachfolgenden, Verbum finitum, ohne eigenes Object bei sich zu haben, einheitlich verbinden, γ, 8, 3: ἀκούσαντες βουλεύονται.

Unsern Satz mit dem nachfolgenden zu verbinden, was Poppo sowie Boehme und auch Krüger empfehlen: προσπαρακαλέσαντες ἀμφότεροι Ἀθηναίους, οἳ αὐτοῖς Φορμίωνά τε στρατηγὸν ἔπεμψαν καὶ ταῖς τριάκοντα, ἀφικομένου δὲ τοῦ Φορμίωνος κτλ., halte ich bei dem dazwischen geschobenen Relativsatz für unthunlich und ein solches: δέ, für beispiellos; wenn aber mit Krüger: δέ, willkürlich getilgt wird, so bleibt ein nicht bloss, wie mir scheint, ganz unthukydideischer, sondern überhaupt ganz ungeschickter Satz übrig. Wem könnte in ein und demselben Satz:

8

οἱ αὐτοὶς Φορμίωνα ἐπεμψαν, ἀφικομένου τοῦ Φορμίωνος, so unmittelbar hintereinander verbunden, was diese Ausleger empfehlen, erträglich erscheinen!

Auch in dem Abschnitt über den zweiten Feldzug dürften einige Verbesserungen nöthig sein. So ist wohl nach Handschriften, β, 80, 10: πεἰθουσι Λακεδαιμονίους — ὁπλίτας χιλίους πέμψαι ἐπ' Ἀκαρνανίαν, zu schreiben, wie sich auch, γ, 100, 19: πείθουσιν — πέμψαι στρατιὰν ἐπὶ Ναύπακτον, findet. Ganz besonders sind aber die Worte, β, 80, 7: τοῦ δ' αὐτοῦ θέρους, οὐ πολλῷ ὕστερον τούτων, Ἀμπρακιῶται καὶ Χάονες βουλόμενοι Ἀκαρνανίαν πᾶσαν καταστρέψασθαι καὶ Ἀθηναίων ἀποστῆσαι, mit welchen nach der vorliegenden Ueberlieferung die Darstellung dieses Zugs anhebt, aus verschiedenen Gründen sehr befremdlich.

1. Zunächst muss die Verbindung: καταστρέψασθαι καὶ ἀποστῆσαι, schon an sich auffallen. Nicht sowohl als Prothysteron, wiewohl ich kein zweites Beispiel dieser Art bei Thukydides nachzuweisen wüsste; (denn die Umstellungen bei Ortsnamen, β, 92, 13 u. 93, 18; 102, 18, wo: Ἀμφιλόχων καὶ Ἀργείων, zu erwarten wäre; γ, 29, 10; 102, 7; ζ, 72, 18; θ, 88, 13 u. 108, 14, sind nicht als Hystera protera aufzufassen, es sind kleine Ungenauigkeiten); sondern vielmehr dadurch, dass diese beiden Handlungen überhaupt als gleichzeitig mit einander verbunden sind; da: ἀποστῆσαι καὶ καταστρέψασθαι, um nichts weniger befremden würde. Denn wer wird denjenigen, welchen er zum Abfall von seinen bisherigen Bundesgenossen zu bewegen wünscht, sofort auch unterjochen wollen! oder wer braucht denjenigen, welchen er unterjocht hat, dann noch von seinen Bundesgenossen lossureissen?

2. Sodann aber konnten die Amprakioten überhaupt niemals auf den Gedanken kommen, sich Akarnanien unterwerfen zu wollen; das wäre aber mit: καταστρέψασθαι, gesagt. Thukydides braucht das Wort häufig genug und überall nur in diesem Sinn, namentlich von der Herrschaft: ἀρχή, der Athener, ganz wie: δουλώσασθαι, δουλωσαμένους ἔχειν, ὑπήκοον ποιεῖσθαι; γ, 10, 7; 13, 45; δ, 65, 45; ε, 29, 12; 97, 4; ζ, 1, 19; 24, 14; 76, 32 u. 1; 80, 22; 90, 11/12, und sonst. Zwar war die Macht Amprakias nicht ganz unbedeutend. Wir wollen annehmen, diese Stadt habe bei Anstrengung aller Mittel gegen fünf bis sechs tausend Hopliten ins Feld stellen können; von ihrer Seemacht kann hierbei abgesehen werden. Nun ist aber Akarnanien unserem Geschichtschreiber die ganze Landschaft, welche südlich und westlich von dem Ionischen Meer, östlich von Aetolien und dem Achelous begrenzt wurde, und nach Norden hin von der Mündung dieses

Flusses bei Oeniadae bis an den Amprakischen Meerbusen und Argeia oder Amphilochien hinauf reichte. Dieses weite Gebiet mit so vielen Städten (Thukydides nennt Stratos, Phytia, Medeon, Limnaea, Alyzia, *Παλαιρῆς Ἀναρτώτων*, Sollion, Koronta, Astakos, Oeniadae) sich unterwerfen zu wollen, war für das dagegen gehaltene doch nur kleine Amprakia keine denkbare Möglichkeit. Konnte ja doch gerade in diesem zweiten Unternehmen Stratos für sich allein, ohne von irgend welchen der übrigen Akarnanen unterstützt zu sein, β, 81, 17 und 17 extr., das durch Hellenen und Barbaren so sehr zahlreiche Peloponnesische Bundesheer siegreich zu schimpflichem Rückzug zwingen. Nicht einmal die Athener fassten irgend je den Gedanken, die grosse Landschaft der Akarnanen ihrer Herrschaft zu unterwerfen. Sie waren bemüht, dieselben als Bundesgenossen zu gewinnen und sich dieses Verhältniss mehr und mehr zu befestigen.

3. Dazu kommt, dass ganz besonders auch: *πᾶσαν*, dabei Anstoss giebt. Denn es sei einmal angenommen, die Amprakioten hätten wirklich in thörichter Selbstüberschätzung die überkühne Absicht gehegt, sich Akarnanien unterthan zu machen, so wäre doch für die Bezeichnung dieses Wunsches: nur *βουλόμενοι Ἀκαρνανίαν καταστρέψασθαι*, ohne: *πᾶσαν*, zu erwarten. Anders ist es mit einer Thatsache, in Stellen wie, α, 113, 17: *τὴν Βοιωτίαν ἐξέλιπον Ἀθηναῖοι πᾶσαν*; 114, 1: *καὶ Ἀθηναῖοι πάλιν ἐς Εὔβοιαν διαβάντες Περικλέους στρατηγοῦντος κατεστρέψαντο πᾶσαν*; da ist die starke Betonung durch: *πᾶσαν*, ganz am Platze; in der unsrigen, bei einem Wunsche, würde sie fast komisch wirken, wenn keine besondere Beziehung oder Gegensatz darin liegen soll; heisst es ja doch auch gleich Z. 13, bei einer Bedingung nur: *Ἀκαρνανίαν ἔχοντες*.

Eine bestimmte Beziehung wäre aber hier für: *πᾶσαν*, nicht zu finden; denn die Amprakioten hatten nicht etwa früher einen Theil von Akarnanien erobert, so dass sie nun durch einen neuen Feldzug die frühere Eroberung hätten gänzlich durchführen wollen. Zudem konnten die Amprakioten überhaupt niemals beabsichtigen, ganz Akarnanien zu unterjochen, weil die Oeniaden, eine der bedeutendsten Städte des Landes, mit der Peloponnesischen Symmachie, zu der sie selbst gehörten, also auch mit ihnen, befreundet waren: β, 82, 25: *κατὰ φιλίαν*. Thukydides hätte jedenfalls sagen müssen: *βουλόμενοι Ἀκαρνανίαν πᾶσαν πλὴν Οἰνιαδῶν καταστρέψασθαι*, wie er, γ, 94, 12, sagt: *Ἀθηναῖοι ἐπὶ Λευκάδα μείζονι στόλῳ ἦλθον, Ἀκαρνᾶσί τε πᾶσιν, οἳ πανδημεὶ πλὴν Οἰνιαδῶν ξυνέποντο, καὶ Ζακυνθίοις.* Die

Autonomie der Oeniaden konnten die Amprakioten nicht antasten wollen; sie hätten sich dadurch mit ihrer Mutterstadt und den übrigen Peloponnesiern verfeindet. Eben so wenig kann es aber auch von den Amprakioten heissen: βουλόμενοι Ἀκαρνανίαν πᾶσαν Ἀθηναίων ἀποστῆσαι; denn damals war nur erst die Mehrzahl der Akarnanen mit den Athenern verbündet, β, 9, 16: Ἀκαρνάνων οἱ πλείους, die Oeniaden waren aber damals und von jeher mit denselben verfeindet, β, 102, 15; α, 111, 19; γ, 7, 28. Die Oeniaden konnten also gewiss nicht zum Abfall von den Athenern verleitet werden. Da nun: Ἀκαρνανίαν πᾶσαν, auch ausserdem durch keinen besonderen Nachdruck der Furcht oder Hoffnung oder Uebertreibung hier zu rechtfertigen wäre, so erscheint das Wort störend; nach keiner Seite hin ergiebt sich dafür eine genügende Beziehung. Aber gerade in diesem: πᾶσαν, ist noch eine Spur zu erkennen, welche auf den rechten Weg leitet.

4. Ausserdem vermissen wir auch, was besonders zu beachten ist, in diesem Bericht, so wie er nach einstimmiger Ueberlieferung jetzt vorliegt, die Erwähnung von Argos oder Amphilochien.

Ueber den Feldzug des Sommers 430 heisst es, β, 68, 25: Ἀμπρακιῶται ἐστράτευσαν ἐπ᾿ Ἄργος τὸ Ἀμφιλοχικὸν καὶ τὴν ἄλλην Ἀμφιλοχίαν; von dem des Winters 426/25 wird gesagt, γ, 102, 25: οἱ γὰρ Ἀμπρακιῶται ἐλθόντες πρὸς αὐτοὺς (Εὐρύλοχον καὶ τοὺς μετ᾿ αὐτοῦ) πείθουσιν ὥστε μετὰ σφῶν Ἄργει τε τῷ Ἀμφιλοχικῷ καὶ Ἀμφιλοχίᾳ τῇ ἄλλῃ ἐπιχειρῆσαι καὶ Ἀκαρνανίᾳ ἅμα, und dann, γ, 105, 27: ἐστρατεύοντο ἐπὶ Ἄργος τὸ Ἀμφιλοχικόν, aber hier, β, 80—82, wird in der ganzen Erzählung dieses zweiten Feldzugs vom Sommer d. J. 429 weder Amphilochien noch Argos erwähnt; nur vorübergehend ist bemerkt, β, 80, 11, extr.: Knemos und seine Truppen hätten den Weg über Argeia genommen. Wie sollten aber die Amprakioten Argos zwar durch den ersten Feldzug, 430, und ebenso auch durch den dritten, 426/25, angegriffen, bei dem zweiten, 429, aber nicht gar nicht berücksichtigt haben, obschon ihre Feindschaft, wovon wir uns überzeugt haben, damals noch unausgeglichen fortdauerte! Denn nicht einmal das ist gesagt, dass sie den Wunsch verfolgt hätten, durch die Unterwerfung Akarnaniens für ihr eigenes Zerwürfniss mit der Nachbarstadt mittelbar Vortheile zu erreichen. Nach den vorliegenden Worten sind ihre Gedanken ausschliesslich und ohne jede Nebenabsicht auf Akarnanien allein gerichtet. Sie ziehen zwar durch Argeia oder Amphilochien hindurch und bei Argos vorbei, haben aber, wie es erscheint, damals ihr Verhältniss zu dieser Stadt und Landschaft ganz wie vergessen, und dennoch rücken sie einige Jahre später in erster Linie gegen eben diesen Argos Amphilochikon und Amphilochia wieder ins Feld und nur beiläufig zugleich auch gegen Akarnania. Muss das nicht fast räthselhaft erscheinen?

5. Endlich ist noch hervorzuheben, dass wir jetzt in unserer Stelle finden, die Amprakioten hätten zwar beabsichtigt, ganz Akarnanien sich selbst zu unterwerfen, aber dabei zugleich auch den Lakedaemoniern die Herrschaft über dieses Land in Aussicht gestellt, um dieselben dadurch zur Gewährung der erbetenen Bundeshülfe zu bestimmen. Denn Z. 7: βουλόμενοι Ἀκαρνανίαν πᾶσαν καταστρέψασθαι καὶ Ἀθηναίων ἀποστῆσαι, ist von den Amprakioten gesagt, dagegen aber Z. 13: ῥᾳδίως ἂν Ἀκαρνανίαν σχόντες καὶ τῆς Ζακύνθου καὶ Κεφαλληνίας κρατήσουσι, von den Lakedaemoniern oder vielmehr Peloponnesiern. Ist das nicht ein seltsamer Widerspruch?

Diese verschiedenen Bedenken dürften, wie uns scheint, vollkommene Erledigung finden, wenn wir uns zu der, für den ersten Anblick etwas kühnen Veränderung: βουλόμενοι Ἀμφιλοχίαν τε πᾶσαν καταστρέψασθαι καὶ Ἀκαρνανίαν Ἀθηναίων ἀποστῆσαι, oder auch: Ἀργείαν πᾶσαν, entschliessen wollen.

Die Amprakioten wollten durch den zweiten Feldzug, was sie im Jahre vorher erreicht hatten, vervollständigen. Sie waren damals Herren des Landes geworden und von da an auch geblieben; (denn es heisst ohne Weiteres, β, 80, 11, extr.: διὰ τῆς Ἀργείας ἰόντες, sie seien über Argeia gegangen, weil dies ganz in ihrem Belieben stand; während ihr feindseliges Auftreten erst nach Beschreitung des Akarnanischen Gebiets gegen den Akarnanischen Grenzort Limnaea beginnt). Die Stadt hatten sie aber nicht nehmen können; so wollten sie nun ganz Amphilochien erobern, auch Argos selbst, die einzige feste Stadt des Landes, worauf es ihnen hauptsächlich unkommen musste. Daher können wir in: πᾶσαν, eine Zurückweisung auf, β, 68, 18: τῆς μὲν χώρας ἐκράτουν, τὴν δὲ πόλιν ὡς οὐκ ἐδύναντο ἑλεῖν προσβαλόντες, ἀπεχώρησαν, finden. Wir haben hier somit dreierlei zu unterscheiden; einmal die Wünsche: βουλόμενοι, der Amprakioten; diese waren auf die Herrschaft über Argos und dessen Gebiet gerichtet, welche nur dann sicher begründet war, wenn Akarnanien, den Athenern entzogen, unter den Einfluss ihrer Peloponnesischen Bundesgenossen gebracht wurde; sodann die Gründe: λέγοντες, wodurch sie ihrem Anliegen bei den Lakedaemoniern Eingang verschaffen wollten; endlich die wirkliche Ausführung, welche das Unternehmen unter dem Lakedaemonischen Bundesfeldherrn erhielt. Dieses wurde aber dem Ansuchen

9

der Amprakioten entsprechend so ausschliesslich gegen Akarnanien gerichtet, dass in dem Bericht darüber Amphilochia oder Argeia gar nicht zu erwähnen war, ausser nur vorübergehend das eine Mal zur Angabe des Wegs, den der Zug nahm. Und dieser Umstand gerade kann das Verderbniss der Stelle veranlasst haben. Denn einem Leser, der nicht darauf achtete, dass Amphilochia bloss in Verbindung mit den Absichten der Amprakioten einmal erwähnt wird, dem musste dieser Name an der Spitze eines nur von Akarnanien handelnden Berichts auffallen. War aber einmal in: βουλόμενοι Ἀργείαν πᾶσαν κατοστρέψασθαι, das richtige: Ἀργείαν, oder: Ἀμφιλογίαν, durch: Ἀκαρνανίαν, verdrängt, so musste sodann natürlich: Ἀκαρνανίαν, vor: Ἀθηναίων, in Folge davon alsbald verschwinden.

Die Amprakioten hatten zwar das Unternehmen in eigenem Interesse angeregt, mussten sich aber dem Befehl des Lakedaemonischen Nauarchen unterordnen. Doch werden sie ganz gerne mit gegen Stratos gezogen sein, selbst der Ansicht, (denn, β, 80, 13, extr.: νομίζοντες, ist auch von ihnen gesagt), dass, wenn der Angriff auf diese Stadt gelänge, ihnen das Andere leicht zufallen würde. Bei: τἆλλα, war ihnen aber unverwehrt auch an: Ἀμφιλογίαν πᾶσαν, zu denken; vgl., γ, 94, 24 u. 33.

Wie gewaltsam auch die vorgeschlagenen Veränderungen erscheinen mögen, so sind sie doch nicht ohne Beispiele. Denn es ist als unleugbar nachgewiesen, Beitr. zur Erkl. u. Krit. des Thuk. 1862. S. 49, dass in dem sonst so gut erhaltenen Text des Thukydides doch zuweilen einzelne oder auch mehrere ausgefallene Wörter, namentlich Eigennamen, einzufügen sind. Hier läge ausserdem auch die Verwechslung eines Eigennamens vor, wie sich ebenso auch, ϑ, 96, 15, für: Εὐβοίας, in dem Vat. Codex: Βοιωτίας, und, ϑ, 102, 11, neben: Ἴμβρου, in einigen Handschriften: ἠπείρου, findet und: Θηβαῖοι, mit: Ἀθηναῖοι, verwechselt wird, vgl. γ, 68, 3; ζ, 95, 10. Auch ist, γ, 33, 24 und 33, von Poppo und Bekker die Annahme einer solchen Verwechselung auch gegen alle Handschriften durch den Vorschlag: Ἴπαρον, und: Ἱπάρῳ, für das überlieferte: Κλάρον, und: Κλάρῳ, zu setzen, als an sich zulässig anerkannt worden; wenn auch Poppo diesen Vorschlag selbst mit Recht als unnöthig wieder zurückgenommen hat. Aber die Fälle, in welchen wir für: Πελοποννήσιοι, lieber: Λακεδαιμόνιοι, finden würden, wie, γ, 1, 20, wegen β, 9, 56, oder auch umgekehrt, wo wir: Πελοποννήσιοι, erwarten, aber: Λακεδαιμόνιοι, finden, sind nicht als Verwechslungen, sondern als leicht erklärbare kleine Nachlässigkeiten des Schriftstellers selbst anzusehen. Dagegen liegt, nach meiner

Ansicht, *s*, 30, 21, in: *Boeotien*, eine Verwechslung vor, und zwar ebenso wie in unserer Stelle, ohne irgend eine Abweichung der Lesart. Da dieser Fall sonach mit dem bisher behandelten gleicher Art ist, so verlohnt es sich, denselben eingehend zu erörtern.

Dem im Frühling d. J. 421 geschlossenen Frieden mit den Athenern, welcher nach dem Nikias benannt wird, hatten von den Genossen der Peloponnesischen Symmachie zwar auch die Boeoter und Megarer, *s*, 31, 18, so wie die Eleer den Beitritt versagt; am entschiedensten aber mussten die Korinthier denselben von sich weisen; denn für die Feindschaft zwischen Korinth und Athen war keine Ausgleichung möglich. Die Korinthier hatten in der Vernichtung der Macht Amprakias einen sie selbst betreffenden Unfall zu beklagen, und ausserdem nun auch Sollion und Anaktorion an die Athener oder deren Bundesgenossen verloren, da die Lakedaemonier nicht darauf bedacht gewesen waren, die Zurückgabe dieser Städte in den Friedensunterhandlungen zu bedingen, *s*, 30, 9.10; obschon den Genossen des Peloponnesischen Bundes für den Fall ihrer Theilnahme am Krieg der Besitzstand ihrer Macht durch einen Vertrag ausdrücklich gewährleistet war, *s*, 31, 12. Hatten daher die Korinthier vor zehn Jahren Alles aufgeboten, den Krieg herbeizuführen, so mussten sie jetzt auf's Neue Alles daran setzen, um den zwischen Sparta und Athen geschlossenen Frieden und Bundesgenossenschaft wieder aufzulösen. Denn von Athen hatten sie Alles zu fürchten, von Sparta, so lange es mit Athen verbunden blieb, nichts mehr zu hoffen. Die Bestimmung am Schluss der Friedensurkunde, *s*, 18, 5, extr.: „Wenn aber von dem einen oder „anderen Theile irgend etwas, worüber immer auch, vergessen sein sollte, so soll „es Beiden unbeschadet des Eidschwurs verstattet sein, nach rechtsgemässer Ver-„handlung Abänderungen zu treffen, in der Weise, wie es Beiden gut scheint, „den Athenern und Lakedaemoniern" war, wie für alle übrigen Peloponnesier, so auch für die Korinthier besorgnisserregend, *s*, 29, 22—30; 27, 16. Mit allem Grund mussten sie ihre Unabhängigkeit in Frage gestellt sehen, zunächst aber erwarten, von den vereinten Athenern und Lakedaemoniern zur Annahme des Friedens gezwungen zu werden, *s*, 35, 20; denn mit den Athenern war keinerlei Annäherung möglich. Sie konnten von denselben nicht einmal einen zehntägigen Waffenstillstand wie die Boeoter erlangen, wiewohl sie, von den Boeotern begleitet, in Athen darum nachgesucht hatten. Zwischen Athen und Korinth kam es zwar zu einer thatsächlichen Waffenruhe ohne Vertrag, *s*, 32, 11.16. Nur von einem erneuerten Zwiespalt zwischen Sparta und Athen konnten sie also noch ihre Erhaltung erhoffen; daher suchten sie dieses Ziel sofort durch einen Umweg zu erreichen. Die Korinthischen Gesandten wandten sich sogleich nach ihrer diplomatischen Niederlage bei den Friedensverhandlungen in Sparta, ehe sie nach Hause zurückkehrten, nach Argos. Sie wussten, dass sie die Argiver in Sorge wegen eines möglichen Krieges mit Sparta finden würden. Denn die Verträge zwischen Sparta und Argos waren dem Ablauf nahe, *s*, 14, 16; 28, 2, und die Lakedaemonier hatten nun durch den Frieden mit Athen freie Hand zu einem Krieg gegen die alten Nachbarfeinde gewonnen. Unschwer bereden daher die Korinthischen Gesandten die Argiver, sich zum Mittelpunct einer Verbindung darzubieten für alle autonomen Hellenen, welche dazu geneigt sein sollten, sich ihnen zu gegenseitigem Schutze anzuschliessen. Dieser neue Gedanke einer den verbündeten beiden Grossmächten gegenüber zu bildenden Argivischen oder vielmehr allgemein Hellenischen Symmachie konnte der Lage der mittleren und kleinen Städte, namentlich der vier, welche den Frieden des Nikias nicht angenommen hatten, glücklich zu entsprechen scheinen. Auch traten die Mantineer und Eleer sofort, und nach einiger Zeit auch die Korinthier selbst und die Chalkideer in Thracien, den Argivern wirklich bei. Den erwünschten Fortgang fand dieses Argivische Gegenbündniss aber dennoch nicht; besonders weil die Boeoter und Megarer, sogar um ihren Beitritt von den Korinthiern gebeten, *s*, 32, 36/1, denselben zaudernd hinausschieben, *s*, 31, 17/18; 32, 9/10; wiewohl auch diese Beiden gleich den Eleern und Korinthiern den Frieden nicht angenommen hatten. Die Boeoter hielten sich aber von den Argivern in rücksichtsvoll besorgtem Hinblick auf die Lakedaemonier fern, *s*, 31, 18: περιφρώμενοι τῶν Λακεδαιμονίων; (denn: ὑπό, dürfte dort zu tilgen sein; nach, δ, 124, 27: Βρασίδας δὲ τῆς τε Μένδης περιφρώμενος μή — τι πάθῃ, und δ, 78, 2; ζ, 93, 29; 103, 24; η, 33, 25). Und wie die zum Beitritt aufgeforderten Tegeaten, *s*, 32, 32/33, so mögen auch Andere durch alte Anhänglichkeit an die Lakedaemonier, wohl auch durch Besorgnisse, von dem Anschluss zurückgehalten worden sein. Als nun aber die Sache in's Stocken kam, so liessen sogar die Korinthier, welche den Gedanken angegeben hatten, *s*, 27, 14 u. 27; 30, 33 n. 36, in ihrem Eifer dafür nach, *s*, 32, 34. Auch zeigte sich ihnen alsbald ein anderer Vorschlag zur Erreichung ihrer Wünsche, welcher in Sparta selbst von zwei der neuen Ephoren und deren Anhang anzugeben schien. Zwischen Sparta und Athen war es nämlich schon nach wenigen Monaten über die Vollziehung verschiedener Bestimmungen in den Friedensverträgen wieder zu Misbelligkeiten gekommen. Gar bald trat deutlich hervor, dass noch keine sichere Grundlage eines dauernden Friedens erreicht sei; vgl. Beitr. zur Erkl. des Thuk. 1846. S. 20 u. 26. Gesandte zogen hin und her; allerwärts wurde verhandelt, in Korinth, in Tegea, in Theben, in Athen, nirgends mit Erfolg; *ι*, 80, 34; 32, 29, 36 u. 10.

Als nun etwa sechs Monate ·nach Abschluss des Friedens, im Anfang des Winters d. J. 421, auch in Sparta durch eine solche Versammlung nichts erreicht worden war, und die Gesandten nach vielen vergeblichen Verhandlungen sich zur Abreise anschickten, so knüpfen Kleobulos und Xenares, zwei der neuen Ephoren, welche mit manchen anderen Spartiaten der Verbindung mit Athen abhold waren, *ι*, 36, 12 u. 17; 37, 34, mit den Boeotern und Korinthiern, nächst den Lakedaemoniern selbst vergleichlos den aller bedeutendsten Genossen der Peloponnesischen Symmachie, vor ihrer Abreise auf eigene Hand Privatverhandlungen an, *ι*, 36, 18: λόγους ποιούνται ιδίους. Der von den Korinthiern aufgebrachte Gedanke des Argivischen Gegenbundes hatte besonders deshalb keine grössere Bedeutung erlangt, weil die Boeoter nicht beigetreten waren. Denn wären mit den Argivern, Korinthiern, Mantineern, Eleern und Chalkideern auch die Boeoter und Megarer vereint gewesen, so würden sich Alle, auf welche gerechnet war, also alle autonomen Hellenen ausser den Spartanern und Athenern, um soviel eher angeschlossen haben. So kam es darauf an, die Boeoter für den Anschluss zu gewinnen. Da nun diese zwar den, wie sie sagen mochten, von den Athenern vorgeschriebenen Frieden zurückwiesen, aber dabei doch nicht von den Lakedaemoniern lassen wollten, so mussten sie für den Argivischen Bund durch die Aussicht gewonnen werden, vermittelst des Eintritts in denselben wieder ganz in das alte Verhältniss mit den Lakedaemoniern zurücktreten zu können. Diesen Vorschlag nun richten die Ephoren an die Boeoter und auch an die Korinthier, welche als die gewandtesten und in Sparta einflussreichsten Unterhändler diese nicht ganz leichte, früher nie als möglich gedachte Verbindung der Argiver, oder von dem Argivischen Bunde, und der Lakedaemonier mitberbeiführen sollten. Den Korinthiern musste der Vorschlag so erwünscht kommen, als hätten sie ihn selbst erdacht oder bestellt.

Kleobulos und Xenares ermahnen also, *ι*, 36, 18: παραινοῦντες, die Boeoter und Korinthier „möglichst einig zu sein“, (ohne Frage ist: ταῦτά τε γιγνώσκειν, zu lesen), „und die Boeoter sollten versuchen, nachdem sie zuerst .selbst Bundesgenossen der Argiver geworden, sodann mit den Korinthiern die Argiver den

10

Lakedaemoniern verbündet zu machen;" denn es scheint mir nicht zweifelhaft zu sein, dass: μετὰ Βοιωτῶν, in: μετὰ Κορινθίων, zu verändern sei.

Der Ausdruck des Satzes, ε, 38, 18—23, ist dadurch so eigenthümlich geworden, dass in zusammenfassender Kürze zugleich gesagt werden sollte, was die Ephoren den Booeotern und Korinthiern gerathen hatten, während doch Beiden nicht dasselbe zu rathen war. Ohne Frage ist: Βοιωτοὺς καὶ Κορινθίους, der Subjectsaccusativ zu: ταῦτά τι γιγνώσκειν, und derselbe wird eigentlich auch zu: πειρᾶσθαι, mitgebracht, jedoch deshalb durch das hinzutretende: Βοιωτούς, nur auf diese beschränkt, weil, was sich anschliessen soll: Ἀργείων γινομένους πρῶτον αὐτοὺς ξυμμάχους, nur von den Booeotern allein gelten kann; denn die Korinthier waren ja schon dem Argivischen Bunde als Genossen beigetreten. Nach, ε, 38, 2, wo diese Aufforderung der Ephoren, gleichfalls durch: παραινοῦσιν, eingeführt, noch kürzer ausgedrückt wiederholt wird, auch hier, ε, 38, 20: Ἀργείων καὶ Κορινθίων γενομένους, zu wünschen, ist nicht berechtigt, da mit: Ἀργείων, sowohl, wie mit: Ἀργείους, in unserer Stelle, nicht die Argiver allein gemeint sind, sondern die Argiver und ihre neuen Bundesgenossen, der Argivische Bund. Daher auch unten, ε, 38, 3: Κορινθίων, neben: Ἀργείων, nur dadurch erklärlich ist, dass die Korinthier neben den Argivern in diesem Bunde die wichtigsten waren, und dass es sich eben überhaupt nur darum handelt, die Booeoter mit den Korinthiern und Argivern in Verbindung zu bringen. Denn allerdings könnte, wenn die Glieder des Bundes aufgezählt werden sollten, dort wie hier: Ἀργείων καὶ Κορινθίων τε καὶ τῶν ἐπὶ Θράκης Χαλκιδέων καὶ Ἠλείων καὶ Μαντινέων, erscheinen. Aber eine ganz erschöpfende, um nicht zu sagen pedantische, Genauigkeit ist von Thukydides darin nicht zu erwarten, sonst wäre freilich dort unten, 38, 3: καὶ Κορινθίων, lieber ungesagt geblieben; wie auch hier Z. 23, entweder: Βοιωτούς, fehlen sollte, oder vollständig hätte herausgesagt werden müssen: οὕτω γὰρ ἥκιστα ἀναγκασθῆναι Βοιωτοὺς καὶ Κορινθίους ἐς τὰς Ἀττικὰς σπονδὰς ἐσελθεῖν; denn die Booeoter und Korinthier sollten ja zur Annahme des Friedens von den Lakedaemoniern und Athenern gezwungen werden, ε, 35, 19. (Eigentlich auch die Eleer und Megarer; allein dem Geschichtschreiber kommt es in dieser summarischen Uebersicht der verschiedenen und erfolglosen Symmachieversuche, welche die vorübergehende Vereinigung Spartas und Athens zur Folge hatte, nur darauf an, das Wichtige hervorzuheben; wichtig aber waren nur die Korinthier und Booeoter; zudem standen die Eleer mit Sparta wegen Lepreon in einem besonderen Zerwürfniss; die Megarer aber thaten das, was die Booeoter thaten).

Auch könnte: *Βοιωτούς*, leicht entbehrt werden, weil mit dem bei: ἀναγκασθῆναι, zu ergänzenden: αὐτούς, beide gemeint wären; obschon freilich: καὶ Κορινθίους, auch ausgefallen sein könnte, wie ι, 23, 32: καὶ Ἀθηναῖοι, und wie überhaupt wiederholt Eigennamen ausgefallen sind. Doch: *Βοιωτούς*, erscheint auch hier wohl allein, weil der Gedanke an diese, und an das, wodurch sie zum Eintritt in den Argivischen Bund bewogen werden könnten, vorwaltet.

Die gleichsam, wie mir scheint, in die Augen springende Unmöglichkeit der Verbindung: πειρᾶσθαι *Βοιωτούς* — μετὰ Βοιωτῶν Ἀργείους Λακεδαιμονίους ποιῆσαι ξυμμάχους, ist bisher von den Auslegern kaum beachtet worden. Nur Poppo, welchem sich Boehme anschliesst, bemerkt dazu: „*Exspectes:* μεθ' ἑαυτῶν," und verweist auf, ι, 18, 12, woselbst: Ἀθηναίοις, zu: ἐξέσται, gehörend, für: αὐτοῖς, also das Nomen selbst für das Pronomen, steht; was in einer nach Deutlichkeit strebenden Staatsurkunde nicht auffallen kann, auch bei Herodot vorkommt, aber bei Thukydides ohne Beispiel ist. Angenommen jedoch, auch Thukydides könne sich ausnahmsweise einmal so ausdrücken, oder sogar: μεθ' ἑαυτῶν, selbst sei die einzige, wohl beglaubigte Lesart, so würde ja doch damit, wie durch: ξὺν ἑαυτοῖς, gesagt sein sollen: ἑαυτούς τε καὶ Ἀργείους Λακεδαιμονίοις ποιῆσαι ξυμμάχους; dies wäre aber unbrauchbar, weil die Boeoter noch immer für Bundesgenossen der Lakedaemonier gelten. Denn ihr Verhältniss zu Sparta war dadurch, dass sie dem vor einigen Monaten geschlossenen Frieden noch nicht beigetreten sind, nicht aufgelöst, ι, 31, 18 (u. ι, 30, 36/1, was nämlich in dieser Beziehung von den Korinthiern gesagt wird, gilt auch von den Boeotern); vielmehr waren die Verhandlungen über ihren Beitritt noch im Gange, und deshalb gerade waren sie damals nach Lakedaemon gekommen. Schon aus diesem Grunde also müsste: μετὰ Βοιωτῶν, als unmöglich erscheinen; selbst wenn wir zugeben wollten, der eben besprochene Sinn könne so ausgedrückt werden.

In den Argivischen Bund zu treten, hatte für die Boeoter nicht die geringste Schwierigkeit. Denn theils war die Aufforderung der Argiver ganz allgemein an alle Hellenen, mit Ausnahme der Athener und Lakedaemonier, gerichtet, ι, 27, 20: τὴν βουλομένην πόλιν τῶν Ἑλλήνων; theils waren sie selbst noch ganz besonders darum angegangen worden. Deshalb heisst es auch blos: Ἀργείων γινομένους πρῶτον αὐτούς ξυμμάχους; denn das: Ἀργείων γίνεσθαι ξυμμάχους, stand ganz in ihrem Belieben. Nicht so einfach mochte es dagegen erscheinen, eine Bundesgenossenschaft zwischen den Argivern nebst deren Verbündeten und den Lake-

daemoniern herbeizuführen. Daher heisst es, die Boeoter sollten ver‹ chen
(in diesem Sinne ist: πειρᾶσθαι auch ι, 35, 83; 38, 9, und sonst gebraucht), von
den Korinthiern begleitet und unterstützt, die Argiver mit den Lakedaemoniern
zu verbünden. Bei dieser Verhandlung waren voraussichtlich Schwierigkeiten zu
überwinden und daher die Begleitung der in Sparta einflussreichen Korinthier
von Werth. Ganz ebenso ist: μετά, von begleitenden Gesandten auch, ι, 32, 11:
Ἐλθόντες δὲ Ἀθήναζε μετὰ Κορινθίων; 45, 13 u. 46, 2, gesagt. Vollständiger ausgedrückt, würde unsere Stelle nach, ι, 43, 9: ἥκιν μετὰ Μαντινέων, auch: αὖθις
ἥκοντας (oder: ἐλθόντας) μετὰ Κορινθίων Ἀργείους Λακεδαιμονίοις ποιῆσαι ξυμμάχους,
lauten können.

Statt der geläufigeren Verbindung: πρῶτον — ἔπειτα, entsprechen sich hier:
πρῶτον — αὖθις, wie auch: ι, 76, 5·6; 78, 7·11, und sonst. In der Wiederholung
dieses Vorschlags, unten, 38, 28, erscheint: πρῶτον — ὕστερον, und dieses: ὕστερον,
dort, wie hier: αὖθις, um nichts unbesprochen zu lassen, nach dem Particip, wie so
ganz gewöhnlich: οὕτως, vgl. Soph. Aj. 761: ἔπειτα; 1092 u. 1094: εἶτα.

Ganz entscheidend aber spricht für das vorgeschlagene: μετὰ Κορινθίων,
noch Folgendes. Die Ephoren Kleobulos und Xenares hatten ihre Aufforderungen
an die Boeoter und auch Korinthier gerichtet, kurz vor der Abreise Beider
aus Sparta. Thukydides bespricht, nachdem er dies angegeben, den Inhalt dieser
Aufforderungen ausführlich von, ι, 36, 18—32, und führt sodann fort, ι, 37, 32:
„Nachdem nun die Boeoter und auch die Korinthier von Xenares und Kleobulos
und deren Freunden unter den Lakedaemoniern diese Aufträge erhalten hatten,
um solche ihren Staatsbehörden zu hinterbringen, reisten Beide nach Hause ab.‟
Nach der jetzt vorliegenden Ueberlieferung sind aber die Korinthier nur diese
beiden Male, Z. 16 u. 32, erwähnt; in der näheren Besprechung der Aufträge
ist von ihnen nicht die Rede, so dass, wenn wir nicht: μετὰ Κορινθίων, verbessern,
nicht abzusehen ist, weshalb die Ephoren ihre Aufträge auch an die Korinthier
gerichtet hätten. Ebenso würde ohne diese Verbesserung auch bei, ι, 37, 32: Κορίνθιοι
ταῦτα ἐπεσταλμένοι, vergeblich gefragt werden, womit denn die Korinthier von den
Ephoren beauftragt worden seien. Die Korinthier waren schon in den Argivischen
Bund eingetreten; daher wird ihnen durch: μετὰ Κορινθίων, von den Ephoren die
ihrer Lage ganz entsprechende Rolle in dem angeregten Plan angewiesen.

Seite 3, Zeile 7 von oben ist: acht, zu tilgen.
— 26, — 8 — — ist nach Polyaen einzufügen: Dionys. Hal. De Thuc. Jud. 9, 5.

Uebersicht.

Zur Kritik:

11

Schulnachrichten.

I. Schulchronik.

Die interimistische Direction der Gelehrtenschule, welche der Unterzeichnete von Ostern 1861 bisher geführt hat, ist mit diesen Ostern zu ihrem Ende gekommen. Am 29. November 1862 hat die interimistische Oberschulbehörde durch die Erwählung des bisherigen Directors zu Stolp, Herrn Dr. phil. *Theodor Kock* zum Director und Professor der Gelehrtenschule des Johanneums dieser den neuen Leiter gegeben, welche Wahl darauf unter dem 12. December vom Hohen Senate bestätigt ist. Im Augenblicke, wo der Unterzeichnete also aus seiner bisherigen Vertretung scheidet und die geliebte Anstalt mit gerechtem und frohem Vertrauen in die Hände des jüngeren, bereits durch zwei Directorate rühmlichst bewährten Mannes übergiebt, unterlässt er nicht, sowohl der verehrlichen Section, wie seinen lieben Collegen aufrichtigen Dank für die unterstützenden Beschlüsse und Hilfen zu sagen, durch welche ihm die Mühen des interimistisch übernommenen Amtes eben so freundlich wie wesentlich erleichtert worden sind. Der gute Gott, der bisher so sichtlich über unserer Schule gewaltet hat, wolle auch den neuen Anfang zu frohem Gedeihen und unserem Gemeinwesen zum ferneren Heile gesegnet sein lassen!

Zum zweiten Male, seit die neuen Schulgebäude zu ihrem Gebrauche eingeweiht sind, hat die gemeinschaftliche Aula in diesem Jahre die sämmtlichen Commilitonen und Schüler aller drei höheren Lehranstalten vereinigt gesehen, wie das erste Mal (1842) nach einem beispiellos traurigen Ereigniss, so dieses zweite Mal zur Erinnerung an den frohesten Tag, den unsere Vaterstadt je erlebt hat. Hamburg's 18. März ist nämlich in seiner funfzigjährigen Wiederkehr auch von den öffentlichen Lehranstalten in gemeinsamer Feier festlich begangen

11 *

worden und zwar bereits am 17. März, weil am eigentlichen Gedächtnisstage die kirchliche Feier und der Festzug keinen Raum mehr liessen. Gesang eröffnete und schloss die schöne Feier, für welche der Professor des akademischen Gymnasiums Herr Dr. iur. *Aegidi* die Festrede übernommen hatte, der ihrer erweckenden Bedeutung wegen ein grösserer Zuhörerkreis unserer Mitbürger zu wünschen gewesen wäre. Aber die Aula war schon durch die jugendlichen Theilnehmer, die aus den drei Anstalten ein halbes Tausend beträgt, meist gefüllt; zu ihnen waren auch von den Gymnasien der drei Schwesterstädte Deputationen zur Mitfeier eingetroffen: so dass nur die löblichen Behörden und die Mitglieder der Verwaltungen eingeladen werden konnten; eine weitere öffentliche Theilnahme musste leider des Raumes wegen ausgeschlossen bleiben.

Sonst ging auch dieses Jahr der Schule in stillem regelmässigem Wirken dahin.

Am Schluss der Chronik fühle ich mich verpflichtet, dem Herrn Professor Dr. *Ulrich* einen besonderen Dank dafür auszusprechen, dass er auf meine Bitte auch für dieses Jahr die gelehrte Abhandlung für das Programm zu übernehmen die Güte gehabt hat.

2. Lehrcurse von Ostern 1862 — 1863.

Prima. Ordinarius: Prof. Dr. *Müller.*

Lateinisch. Plauti Captivi. Horat. Oderr. Lib. II, III, 1—6. Epist. Lib. I, 1—16; II, 3 (Ars poët.), v. 1—264. 3 St. Prof. *Müller.* Cic. Tuscul. disp. Lib. V und Lib. I. 2 St. Prof. *Herbst.* Tacit. Histor. Lib. I und II, bis cap. 22. 2 St. Dr. *Meyer.* Lat. Exercitia, Extemporalia und eigene Aufsätze; die letzteren wurden jedem Verfasser mit der schriftlichen Correctur und mündlichen Erläuterungen des Lehrers privatim zurückgegeben. 2 St. Prof. *Müller.*

Griechisch. Thukydides Lib. II, c. 13—103; III, c. 1—12; V, c. 27—46; die gegebene Erklärung wurde von den Schülern abwechselnd der Reihe nach schriftlich ausgearbeitet und von dem Lehrer zu Hause corrigirt. Sophokles Elektra und Ajax. Aristoteles: Elementa Logices ed. Trendelenburg. 6 St. Frof. *Ulrich.*

Hebräisch. 1. Samuel. c. 1—15. Psalm 1—41; Uebersetzung evangelischer Perikopen in's Hebräische. 2 St. Prof. *Hinrichs.*

Deutsch. Praktische Uebungen, 1 St.: Correctur vierteljähr. gelieferter Aufsätze; freie mündliche Vorträge der Schüler, alle 14 Tage; Erklärung der Schiller-Goethe'schen Xenien. Deutsche Literaturgeschichte, 2 St.: von den ältesten Zeiten bis zum 13. Jahrhund., verbunden mit Lectüre und grammatischer Erklärung Althochdeutscher und Mittelhochdeutscher Dichtungen, besonders des Nibelungenliedes. Dr. *Meyer.*

Französisch. Gelesen wurde in Herrig und Burguy: La France littéraire, S. 244—77; 313—32; 412—20; 430—37. Französische Literaturgeschichte von den ersten Anfängen der Französischen Sprache bis zum Jahre 1700. Extemporalia. 2 St. Dr. *Bröcker.*

Englisch. Gelesen: Biographisch-literarische Einleitung zum Shakespeare, Shakespeare's Othello und Macaulay's Barère. Extemporalia. 2 St. Dr. *Lüders.*

Religion. Christliche Glaubenslehre: 3r. Th. Lehre von der Heiligung, 4r. Th. von der Vollendung der Erlösung in einem anderen Dasein, nach Palmer's Lehrbuche, mit stäter Berücksichtigung und Erklärung der biblischen Beweisstellen. Gelesen im Grundtext und erklärt das Evangelium des Johannes c. 1—9.

Geschichte. Geschichte des 17. und 18. Jahrhunderts. 2 St. Dr. *Meyer.*

Alte Literaturgeschichte. Geschichte der Griechischen Literatur. Allgemeine Einleitung und Uebersicht, Vorhomerische Zeit, Epos, Lyrik und Elegie, Iambographen, Drama, mit Benutzung von Matthiä's Abriss. 1 St. Prof. *Müller.*

Mathematik. Kegelschnitte und Elemente der analytischen Geometrie; daneben einige Capitel aus der allgemeinen Arithmetik und aus der Rentenrechnung. 3 St. Prof. *Bubendey.*

Physik. Elemente der Astronomie; die Lehre vom Schalle und vom Lichte, letztere nicht beendigt. 2 St. Prof. *Bubendey.*

Zeichnen. In Verbindung mit Secunda, besonders Abzeichnen antiker plastischer Bildwerke; für künftige Mediciner auch Nachzeichnen menschlicher Körpertheile. Vorträge über klassische und mittelalterliche Kunstgeschichte. 2 St. Zeichenlehrer *Gensler.*

Gesangunterricht. Combinirt mit den gesangfähigen Schülern aus Secunda, vierstimmiger Männergesang, Cantaten, Chöre. 2 St. Gesanglehrer *Klapproth.*

Secunda. Ordinarius: Prof. Dr. *Müller.*

Lateinisch. Vergil. Aen. Lib. II und III, 1—191, verbunden mit metrischen Uebungen. 2 St. Prof. *Müller.* Livius, Lib. II, 35 bis III, 39. 2 St. Prof. *Ullrich.* Cicer. Orat. de imp. Gn. Pompei, pro Ligario, Epistol. sel., nach der Ausg. von Dietsch P. II, 46—52; wöchentl. Exercitia aus Kraft's Materialien und wöchentl. Extemporalia; aus der Latein. Syntax die Lehre von der Consecutio temporum bis zum Particip. 5 St. Prof. *Herbst.*

Griechisch. Hom. Ilias, Rhaps. XV, XVI. 2 St. Prof. *Müller.* Herodot. Lib. VI, c. 1—139; Jacobs Attika: Plutarch I—VII. Schreibübungen nach Kühner's Anleit. 3. Abtheil. 4 St. Prof. *Ullrich.* Jacobs Attika: die Stücke aus Demosthenes über den Frieden, für den Kranz, aus Xenophon die Schlacht bei den Arginusen; Jacobs Sokrates: Platons Phaedon. 1 St. Prof. *Herbst.*

Hebräisch. a) Obere Abtheilung: Formenlehre und Satzlehre, nach Thiersch' Grammatik; Uebersetzung schwererer Lesestücke aus Gesenius' Chrestomathie, 2 St. b) Untere Abtheilung: Formenlehre nach Thiersch' Grammat.; Uebersetzung leichterer Lesestücke aus Gesenius' Chrestom. 2 St. Prof. *Hinrichs.*

Deutsch. Poëtik: das Epos. Erklärung ausgewählter Gedichte Schiller's. Disponiren der Themen zu Deutschen Aufsätzen; Zurückgabe der corrigirten schriftlichen Arbeiten; Declamation. 3 St. Prof. *Herbst.*

Französisch. Gelesen wurde in Herrig und Burguy: La France littéraire S. 280—93; 517—25; 544—59; 654—97. Schriftlich wurden mehrere Stücke aus Plötz' Grammatik aus dem Deutschen in's Französische übersetzt (als Hausarbeiten). Extemporalia. 3 St. Dr. *Bröcker.*

Englisch. Gelesen: Abschnitte von Dryden, Burns, Sterne, Smollet, Milton und Goldsmith. Regelmässige Exercitia nach Herrig's Anleit.; Extemporalia aus Schiller's Leben von Bulwer. 2 St. Dr. *Lüders.*

Religion. Geschichte der christlichen Kirche bis zur Reformation, nach Palmer's Lehrbuche. Im Grundtexte wurde gelesen und erklärt die Apostelgeschichte, Cap. 1—13. 2 St. Prof *Müller.*

Geschichte. Das Mittelalter bis auf die Zeiten Heinrich's IV., mit vorwaltender Berücksichtigung der Deutschen Geschichte. 3 St. Dr. *Meyer.*

Mathematik. In der Geometrie Wiederholung und Beendigung der Planimetrie, Abschn. VI, VII und VIII des Lehrbuches; in der Arithmetik Wiederholungen, Kettenbrüche, Gleichungen des 1sten, 2ten und 3ten Grades mit einer und mehreren Unbekannten. 3 St. Prof. *Bubendey.*

Physik. Einleitung, Statik und Dynamik fester und — nicht beendigt — der flüssigen Körper. 2 St. Prof. *Bubendey.*

Zeichnen. In Verbindung mit Prima, 2 St. Zeichenlehrer *Gensler.*

Gesangunterricht. Zweimal wöchentlich, combinirt mit Prima, Gesanglehrer *Klapproth.*

Tertia. Ordinarius: Prof. Dr. *Ullrich.*

Lateinisch. Caes. de Bell. Gall. Lib. VI, VII. Chrestomathia Ovid. von Kraft No. XV a, XV b, XVI, XVII. Metrische Uebungen. Wöchentliche Exercitia aus Kraft's Anleit. I. Curs., und wöchentliche Extemporalia. Aus der Grammatik Lehren aus der Syntax, besonders über den Indicativ, Coniunctiv, Imperativ, Infinitiv. 7 St. Prof. *Herbst.* Chrestomathia Ciceron. von Kraft, No. 47—77; Cicer. Cato Maior. 2 St. Prof. *Hinrichs.*

Griechisch. Hom. Odyss. Rhaps. V, v. 1—VII, v. 132, wurden schriftlich übersetzt, memorirt und recitirt. Xenoph. Anab. Lib. IV, c. 5 bis V, c. 2, wurden schriftlich übersetzt. Griech. Formenlehre, Syntax und Schreibübungen, nach Kühner's Elementargrammatik. 6 St. Prof. *Ullrich.*

Deutsch. Monatliche Aufsätze. Declamation. Lectüre von Schiller's Wallenstein und Erklärung ausgewählter Schiller'scher Gedichte. 3 St. Dr. *Lüders.*

Französisch. Gelesen wurde in Plötz' Franz. Chrestomathie S. 11—74; 102—111; 129—38; 197—219. Schriftlich wurden mehrere Stücke aus Plötz' Grammatik aus dem Deutschen in's Französische übersetzt. 3 St. Dr. *Bröcker.*

Englisch. a) Obere Abtheilung: Gelesen Washington Irving's Alhambra. Wöchentliche Exercitia aus Callin's Lehrbuche. 2 St. b) Untere Abtheilung: Formenlehre und schriftliche Uebersetzungen nach Cröger's Lehrbuche I. Curs. Lectüre aus dess. Lesebuche. 2 St. Dr. *Lüders.*

Religion. Die christliche Glaubenslehre, nach Bibelsprüchen und geistlichen Liedern. Uebersicht der biblischen Bücher des A. T. mit Erklärung ausgewählter Abschnitte. Geschichte der christlichen Kirche seit dem Anfange der Deutschen Kirchenreformation. 2 St. Prof. *Hinrichs.*

Geschichte. Alte Geschichte verbunden mit alter Geographie, zweite Hälfte, bis 30 v. Chr. 2 St. Dr. *Bröcker.*

Geographie. Westeuropa, Mitteleuropa (mit besonderer Berücksichtigung Deutschlands) und die Colonien der Europäischen Staaten. 1 St. Dr. *Bröcker.*

Mathematik. Geometrie: Abschnitt IV, V und erste Abtheilung von Abschnitt VI des Lehrbuches. Arithmetik: Buchstabenrechnung, Ausziehung der Quadrat- und Kubikwurzeln, Gleichungen des ersten und zweiten Grades. 4 St. Prof. *Bubendey.*

Naturgeschichte. Im Sommer: Grundzüge der Pflanzenanatomie und -physiologie. Fast in jeder Stunde wurden lebende Pflanzen beschrieben und daran Wiederholungen aus der Morphologie und Systematik geknüpft. Im Winterhalbjahr: Mineralogie und Grundzüge der Geologie. 2 St. Dr. *Möbius.*

Zeichnen. Es wurden nach grösseren Vorlegeblättern Köpfe, Thierstücke, Landschaften, so wie auch architektonische Ornamente gezeichnet 2 St. Zeichenlehrer *Gensler.*

Gesangunterricht. Combinirt mit Quarta: Uebungen im dreistimmigen Gesange, Motetten, Chöre. 2 St. Gesanglehrer *Klapproth.*

Quarta. Ordinarius: Prof. Dr. *Hinrichs.*

Lateinisch. Aus Cornelius Nepos gelesen: Praefatio, Miltiades, Themistocles, Aristides, Pausanias, Cimon, Lysander, Alcibiades. Latein. Satzlehre, nach Zumpt's Auszuge und Hoffmann's Beispielsammlung. Exercitia nach Dronke's Aufgaben 1. Abtheil. 6 St. Prof. *Hinrichs.* Phaedri Fabulae Lib. III, IV und ausgewählte Fabeln aus Lib. V. Einübung der Grundzüge der Latein. Prosodie und des iambischen Senars. 2 St. Dr. *Lüders.*

Griechisch. Jacobs Griech. Elementarb. 1. Th. erklärt, schriftlich in's Deutsche übersetzt und theilweise memorirt. Uebersetzungen aus dem Deutschen in's Griech., nach Köhner's Anleitung. Köhner's Elementargrammatik, besonders Einübung der Verba. Vorbereitung auf die Lectüre der Odyssee. 5 St. Dr. *Meyer.*

Deutsch. Regelmässige Aufsätze; Declamation; Lectüre aus Oltrogge's Lesebuch 2. Curs. nebst grammatischen Bemerkungen. 3 St. Dr. *Lüders.*

Französisch. Gelesen wurde aus Säpfle's Leseb. S. 1 — 25; 37 — 112; 128 — 139. Schriftlich wurden mehrere Stücke aus Plötz' Grammatik aus dem Deutschen in's Französische übersetzt. 3 St. Dr. *Bröcker.*

Religion. Die christliche Glaubenslehre, nach Anleitung des grösseren Hamburg. Katechismus; Erzählungen aus der biblischen Geschichte des N. T. 3 St. Prof. *Hinrichs.*

Geschichte. Deutsche Geschichte bis zur Reformation. 2 St. Dr. *Bröcker.*

Geographie. Europa und Australien. 2 St. Dr. *Bröcker.*

Naturbeschreibung. Im Sommerhalbjahr: Beschreibung und Bestimmung lebender Pflanzen; die wichtigsten Pflanzen nach dem natürlichen System. Im Winterhalbjahr: Zoologie der wirbellosen Thiere. 2 St. Dr. *Möbius.*

Mathematik. Geometrie: die 3 ersten Abschnitte des Lehrbuches. Arithmetik: theoretische Wiederholung der Anfangsgründe und Uebungen im praktischen Rechnen. 4 St. Prof. *Babenday.*

Zeichnen. Die Anfangsgründe im Zeichnen von Köpfen und menschlichen Körpertheilen, Thieren, landschaftlichen Gegenständen und Blumen, auch schwierigeren mathematischen Körpern. 2 St. Zeichenlehrer *Gensler.*

Schönschreiben. Anfangs Wiederholung der Buchstabenformen; dann Schreibübungen nach dem 3. Hefte von Elten u. Möller's Vorschriften. Um ein allgemeines regelmässiges Schreiben zu bewirken, werden die von den Schülern angefertigten Arbeiten dem Schreiblehrer zur Beurtheilung der Schrift vorgelegt. 2 St. Schreiblehrer *Elten.*

Gesangunterricht. In Verbindung mit Tertia wöchentlich zweimal. Gesanglehrer *Klapproth.*

Quinta. Ordinarius: Prof. Dr. *Herbst.*

Lateinisch. Jacobs und Döring's Lat. Elementarb. Abschn. IV, Lib. I, II, III gelesen, übersetzt, construirt und memorirt; wöchentliche Exercitien und Copien aus Hoegg's Uebungsstücken 2. Curs.; Einübung der Formenlehre nach Zumpt's Auszuge. 3 St. Prof. *Herbst.* Aus Schulze's Vorübungen zum Uebersetzen die Regeln durchgenommen und die Beispiele übersetzt, zum Theil schriftlich. 3 St. Cand. *Röpe.*

Griechisch. Griechische Grammatik, nach Kühner. Einübung der Declinationen und Conjugationen; schriftliche Uebersetzungen aus dem Griechischen in's Deutsche und aus dem Deutschen in's Griechische; Memoriren der erklärten Abschnitte. 4 St. Dr. *Meyer.*

Deutsch. Hauptgesetze der Syntax. Wöchentlich Deutsche Aufsätze und Memoriren von Gedichten. 3 St. Cand. *Röpe.*

Französisch. Grammaire méthodique par Stöffeline, Uebersetzung der Deutschen Beispiele aus derselben, mündliche Wiederholung der corrigirten Copien, bis zum 2. Curs. Uebersetzungen aus Säpfle's Französischem Lesebuche S. 1—90. 4 St. Lector *Gallois.*

Religion. Die christliche Glaubenslehre nach dem Kurzen Inbegriff der christl. Lehre in Fragen und Antworten. Erzählungen aus der biblischen Geschichte des A. T. 3 St. Prof. *Hinrichs.*

Geschichte. Griechische Geschichte bis auf Alexander den Grossen; Memoriren von Schäfer's Geschichtstabellen. 2 St. Dr. *Lüders.*

Geographie. Mitteleuropa genau durchgenommen. 2 St. Cand. *Röpe.*

Mathematik. Uebungen im Rechnen, je nach den Vorkenntnissen der Schüler. 4 St. Prof. *Bubenday.*

Naturbeschreibung. Im Sommerhalbjahr: Beschreibung und Bestimmung lebender Pflanzen; Morphologie; die wichtigsten Pflanzen nach dem Linnéischen System. Im Winterhalbjahr: Zoologie der Wirbelthiere. 2 St. Dr. *Möbius.*

Zeichnen. Vom Zeichnen einfacher mathematischer Körper wurde zu Gegenständen übergegangen, welche dem kindlichen Fassungsvermögen nahe liegen. 2 St. Zeichenlehrer *Gensler.*

Schönschreiben. Uebungen zur gewandten Verbindung der Buchstaben; Griechische Schrift, nach Elten und Möller's Vorschriften. Regelmässiges Schreiben auch ausser der Schreibstunde wurde dadurch erzielt, dass die Deutschen Arbeiten vor der Correctur vom Schreiblehrer durchgesehen wurden. 2St. Schreiblehrer *Elten.*

Gesangunterricht. Choräle und leichtere Gesangstücke, wöchentlich zweimal. Gesanglehrer *Klapproth.*

Sexta. Ordinarius: Dr. *Fischer.*

Lateinisch. Formenlehre nach Zumpt's Auszuge aus dessen grösserer Grammatik, Uebersetzungen aus dem Lateinischen in's Deutsche, nach Jacobs Elementarb. 1. Curs., und aus dem Deutschen in's Lateinische, nach Hoegg's Uebungsstücken 1. Curs., wöchentlich 4 schriftliche Aufgaben. 4 St. Dr. *Fischer.*

Deutsch. Formenlehre und das Wesentlichste aus der Satzlehre; Uebungen im Lesen und im Vortrage memorirter Gedichte. 4 St. Dr. *Fischer.*

Französisch. Formenlehre; Leseübungen und Uebersetzungen sowohl aus dem Französischen in's Deutsche nach Willm's Premières Lectures, als auch aus dem Deutschen in's Französische, nach Fring's Aufgaben, wöchentlich 1 schriftliche Aufgaben. 3 St. Dr. *Fischer.*

Biblische Geschichte des Alten Testamentes und Erklärung memorirter Lieder aus dem Hamburg. Gesangbuche. 2 St. Dr. *Fischer.*

Geschichte. Erzählungen aus der Geschichte des Alterthums. 2 St. Dr. *Fischer.*

Geographie. Die Elemente der astronomischen und mathematischen Geographie, ausführlicher die physische Geographie sämmtlicher Erdtheile. 2 St. Dr. *Fischer.*

Naturbeschreibung. Im Sommerhalbjahr: Botanik; im Winterhalbjahr: Zoologie. 2 St. Dr. *Fischer.*

Arithmetik. Mit den schwächeren Schülern wurden die vier Grundrechnungsarten in einfachen und zusammengesetzten Grössen durchgenommen; die mittleren hatten vollständige Bruchrechnung; die fähigeren: Proportionslehre und Regeldetri. Das Kopfrechnen, wöchentlich eine Stunde, wurde zur Erweckung und Ausbildung eines guten Zahlengedächtnisses vorzugsweise auf Maass- und Gewichtsverhältnisse angewendet. 4 St. Reobenlehrer *Möller.*

Schönschreiben. Zuerst wurden Grundstriche und Alphabete eingeübt; seit Michaelis wurden regelmässige Uebungen in verbundener Schrift vorgenommen, 3 St. Schreiblehrer *Elten.*

Gesangunterricht. Choräle und leichte Gesangstücke. 2 St. Gesanglehrer *Klapproth.*

3. Klassenbestand.

Prima zählte nach Ostern 1862				27 Schüler.
Secunda „	„	„	„	30 „
Tertia „	„	„	„	31 „
Quarta „	„	„	„	25 „
Quinta „	„	„	„	27 „
Sexta „	„	„	„	16 „

Zusammen 156 Schüler.

12 *

Prima zählte nach Michaelis 1862.............27 Schüler.

Secunda „ „ „ „ ....36 „

Tertia „ „ „ „ ....25 „

Quarta „ „ „ „ ....27 „

Quinta „ „ „ „ ....27 „

Sexta „ „ „ „ ....16 „

Zusammen 158 Schüler.

4. Angabe der seit Ostern 1862 — 1863 ausgeschiedenen Schüler.

Aus *Secunda* gingen ab:

Nach Ostern: *Albert Rymenans*, aus Antwerpen, widmete sich dem Kaufmannsstande.

Ernst Bertheau, aus Hamburg, ward einer auswärtigen Schule übergeben.

Theodor Roscher, aus Hamburg, *Albert Borcherdt*, aus Hamburg und *Karl Bigot* aus Ancona, wollten sich durch Privatunterricht auf das Studium der Naturwissenschaften vorbereiten lassen.

Nach Michaelis: *Emil Schlüter*, aus Hamburg, widmete sich dem Kaufmannsstande.

Aus *Tertia*:

Nach Ostern: *Gustav Voges*, aus Hamburg, widmete sich dem Buchhandel.

Ludwig Moraht, aus Hamburg, um Landmann zu werden.

Nach Johannis: *Adolf Haendcke*, aus Lauenburg, wollte Landmann werden.

Johannes Brüning, aus Ritzebüttel, musste wegen Augenschwäche das Studiren aufgeben.

Nach Michaelis: *Emil Stierling*, aus Holstein, ward einer auswärtigen Schule übergeben.

Johannes Hockmeyer, aus Hamburg, ward einer auswärtigen Schule übergeben.

Nach Weihnachten: *Manuel Aguabella*, aus Matanzas auf Cuba, wollte sich durch Privatunterricht weiter vorbereiten lassen.

Aus *Quarta*:

Nach Ostern: *Wilhelm Spiegelberg*, aus Hamburg, und *Sophus Niemitz*, aus Hamburg, um Apotheker zu werden.

Wilhelm Beneke, aus Hamburg, und *Heinrich Heydorn*, aus Pinneberg, traten in
die Realschule des Johanneums über.

Rudolf Olshausen, aus Hamburg, ward einer auswärtigen Privatpension übergeben.

Nach Michaelis: *Giesbert Stierling*, aus Hamburg, ward einer auswärtigen Schule
übergeben.

Johannes Lindemann, aus Hamburg, wollte sich dem Kaufmannsstande widmen.

Aus *Quinta:*

Nach Ostern: *Johann Gabe*, aus Hamburg, wegen einer längeren Reise, auf der
er seine Eltern begleiten sollte.

Aus *Sexta:*

Nach Ostern: *Ernst Jungmann*, folgte seiner Mutter, die nach Bremen übersiedelte.

Nach Michaelis: *Theodor Roosen*, aus Hamburg, trat in das Christianeum zu
Altona über.

5. Aufgenommen wurden in die Gelehrtenschule

im Laufe des Schuljahrs von Ostern 1862 bis Ostern 1863 für
Secunda 12, für Tertia 7, für Quarta 5, für Quinta 7, für Sexta 12, zusammen
43 Schüler.

6. Diese Ostern werden aus Prima abgehen:

a. Nach bestandener Maturitäts-Prüfung:

Gustav Bartels, aus Hamburg, 19½ Jahr alt, 3 Jahr Primaner, wird Jurisprudenz in Heidelberg studiren.

Oscar Meyer, aus Hamburg, 19½ Jahr alt, 2 Jahr Primaner, wird Philologie
in Bonn studiren.

Gustav Plath, aus Hamburg, 19½ Jahr alt, 2 Jahr Primaner, wird Jurisprudenz in Heidelberg studiren.

Julius Braband, aus Hamburg, 19½ Jahr alt, 2 Jahr Primaner, widmet sich
dem Studium der Theologie und Philologie und wird zunächst die
Universität Jena besuchen.

Theodor Hoffmann, aus Hamburg, 21 Jahr alt, 3 Jahr Primaner, wird Theologie
und Philologie in Bonn studiren.

Oscar Gossler, aus Hamburg, 19½ Jahr alt, 2 Jahr Primaner, wird Jurisprudenz in Heidelberg studiren.

Ernst Gornet, aus Hamburg, 18½ Jahr alt, 2 Jahr Primaner, hat sich für das Studium der Medicin bestimmt und wird die Universität Tübingen beziehen.

Wilhelm Dencker, aus Hamburg, 22 Jahr alt, will Medicin in Tübingen studiren.

Otto Mönckeberg, aus Hamburg, 19½ Jahr alt, wird Jurisprudenz in Heidelberg studiren.

Hermann Röhrhand, aus Hamburg, 21 Jahr alt, gedenkt Jurisprudenz und Cameralia in Heidelberg zu studiren.

b. Ohne Maturitäts-Prüfung:

Hermann Möller, aus Hamburg, 20 Jahr alt, 1 Jahr Primaner, wird die Universität Tübingen beziehen um Medicin zu studiren.

Heinrich Gieschen, aus Hamburg, 19½ Jahr alt, 1 Jahr Primaner, gedenkt Jurisprudenz zu studiren, zuvor aber noch das akademische Gymnasium in Hamburg zu besuchen.

Erwin Theodor Bussmann, aus Hamburg, 19 Jahr alt, 1 Jahr Primaner, will sich dem Studium der Medicin und Botanik widmen, zunächst aber das akademische Gymnasium besuchen.

7. Ankündigung der öffentlichen Redeübung.

Die diesjährige Schulfeierlichkeit bei Entlassung derjenigen Primaner, welche die Maturitäts-Prüfung bestanden haben, wird Donnerstag, den 9. April von 10 Uhr an, in der Aula des Johanneums stattfinden. Das Verzeichniss der Redestücke mit den Namen der Declamirenden wird am Actus-Tage in der Aula ausgegeben. Von den abgehenden Primanern werden drei mit eigenen Arbeiten auftreten:

Oscar Meyer wird in einer Lateinischen Rede die Frage: *Was verlangt man von einem Geschichtschreiber* zu beantworten versuchen.

Gustav Plath wird in Englischer Sprache *über die Bedeutung der alten Namen mit besonderer Beziehung auf ihre Verbindungen in England* reden.